유아숲교육

이론과 실제

송규운 · 박유순 · 송나리

정민사

머리말

누군가 한국의 유치원이나 어린이집에서 교육과 보육을 받는 유아들을 양계장 속의 닭에 비유하고 자연 속에서 토종닭같이 유아들이 길러져야 된다고 주장했다고 한다. 마치 루소의 '자연으로 돌아가자'라는 주장과 일치하는 대목이다. 태초에 하나님이 천지를 창조하시고 그 가운데 인간을 만드시고 흐뭇해하셨는데 인간더러 자연과 더불어 잘 관리하고 함께 잘 동거하기를 바라셨으리라.

본 저서의 전체 구성을 기획하면서 어릴 때부터 즐겨 불렀던 이원수 님의 '고향의 봄' 동요가사가 머릿속을 떠나지 않았다.

나의 살던 고향은 꽃 피는 산골
복숭아 꽃 살구 꽃 아기 진달래
울긋불긋 꽃 대궐 차린 동네
그 속에서 놀던 때가 그립습니다

꽃 동네 새 동네 나의 옛 고향
파란 들 남쪽에서 바람이 불면
냇가에 수양버들 춤추는 동네
그 속에서 놀던 때가 그립습니다

산업화가 되면서 자연 속에서의 경험과 추억들은 이제 특별한 행사나 사건들과 연계하여 이루어지고 있는 실정이다. 이런 가운데서 유아교육과정 속에서도 유아들이 자연과 접하며 얻을 수 있는 여러 가지 교육적 의미들을 점차 부각하고 있는 듯하다. 개정된 누리과정에서도 자연과 접하는 실외 활동들을 강조하고 있고 다양한 프로그램들도 계속 개발 보급되고 있다. 이미 3~4년 전부터 저

자는 유아숲과 창의성교육, 유아숲교육의 이론과 실제를 개설하여 강의를 진행해 왔는데 마땅한 교재가 없어 늘 아쉬운 마음이었다. 유아들이 자연이 주는 경의로움과 조화로움에 대하여 제대로 느끼고 배우기 위해서는 조직적이고 체계적인 교육프로그램이 필요할 것이다. 그러기 위해서는 예비교사들이 교육과정 속에서 제대로 경험하고 학습하여 유아교육 현장에서 유아들에게 적절한 교육 경험들을 전달하는 과정이 필요하다. 숲놀이가 유아교육과정에서 효율적으로 활용되기 위하여 다양한 이론과 실제들이 잘 정리된 책이 필요하다고 느꼈다. 특별히 실제편에 제시되어 있는 다양한 사진과 프로그램들은 이제껏 접하기 어려웠던 실제적인 내용들이라고 확신한다. 제시된 자료들을 독자들이 확장하여 현장에서 응용하면 무궁무진하게 창의적인 숲프로그램으로 발전시킬 수 있도록 친절하게 전개되어 있다.

본 교재가 유아들이 숲체험 활동을 통하여 얻는 교육적 의미를 다시 한 번 생각해보는 기회가 되길 희망한다. 자유로운 숲체험을 통하여 조화로운 발달과 창의적인 상상력이 서로 결합되는 전인적인 교육현장이 전개되길 기대해 본다. 또한 유아교사를 꿈꾸는 예비교사들과 현장의 교육자들이 숲과 함께하는 창의적인 프로그램들을 실행하는 데 실제적인 도움이 되는 이론과 실제의 장이 되는 공간이길 간절히 소망해 본다.

마지막으로 본 저서의 진행을 위하여 최선을 다하여 주신 박유순, 송나리 공동 집필진에게 감사하고 발행을 위하여 수고를 아끼지 않으신 정민사 가족들에게도 감사드린다.

2022. 3.

저자 일동

차례

Chapter 03 2019 개정 누리과정과 유아 숲교육

Chapter 04 유아 숲교육의 계획과 운영의 실제

차례

Chapter 02 제 모습 제 크기로 키우는 여름 숲놀이

Chapter 03 맛있고 매력적으로 익히는 가을 숲놀이

Chapter 04 겨우겨우 지내는 겨울 숲놀이

이론편

Chapter

1

유아 숲교육의 이해

1. 숲의 의미와 가치

'숲' 하면 생각하는 이미지가 모두 다르겠지만 일반적으로 나무가 있고 여러 식물, 곤충과 동물들이 살아가는 곳을 떠올릴 것이다. 또한 숲에 갔을 때의 느낌을 떠올려 본다면 편안함과 상쾌함이 떠오르기도 할 것이다.

최근 심각한 환경오염, 미세먼지, 감염병의 출현 등으로 자연과 숲의 가치가 새롭게 조명되고 있다. 또한 2019년 전 세계에 닥친 코로나바이러스감염증-19라는 사태는 우리의 삶에 많은 변화를 가져왔다. 유치원과 어린이집의 등원이 중지되고 긴급보육이나 온라인 교육이 실시되었다. 집단 감염에 대한 불안과 우려 가운데 밀폐된 실내에서 벗어난 숲교육의 필요성은 더욱 주목받고 있다(EBS 뉴스 G, 2020). 2019 개정 누리과정에서도 유아들이 자연과 생명을 존중하며 다른 사람과 함께 살아가는 바른 인성을 갖추고 창조적 사고로 지속가능한 사회를 만들어 갈 수 있는 역량을 갖추는 것을 강조하고 있다(교육부, 보건복지부, 2019). 이와 같은 흐름에 따라 최근 주목받고 있는 숲의 의미와 가치에 대해 살펴보고자 한다.

1) 숲의 의미

우리나라의 산은 대부분 동해안을 따라 뻗어 있는 태백산맥 줄기를 중심으로 중북부 지역에 분포되어 있으며 산림면적이 637만ha로 국토면적 1,000만ha의 약 64%를 차지하고 있는 산림국이다(산림조합중앙회 산림경영지원, 2021). 이와 같은 지리적 특성으로 인해 우리나라는 숲에서 다양한 교육을 할 수 있는 천연적인 환경을 이미 가지고 있다고 할 수 있다(조흥섭, 2005).

숲은 '수풀'의 준말(국립국어원 표준국어대사전, 2021)로 나무가 무성하게 들어찬 곳을 뜻한다. 나무 외에도 숲에는 수많은 미생물들이 살아가는 토양, 곤충, 초식 · 육식 동물과 조류 등이 함께 살아가기 때문에 쉽게 정의 내리기는 어려운 측면도 있다

(이헌호, 이도형, 강미희, 2011). 숲을 행정용어 또는 법률용어로 정의할 때는 '산림(山林)'이라는 용어를 사용하게 되는데 우리나라의 경우 산이 많고 숲이 대부분 산에 있기 때문이다. 즉, 산에는 당연히 숲이 있기 때문에 산과 숲을 나누지 않고 하나의 개념으로 보고 정의한 것으로 볼 수 있다(산림조합중앙회 산림경영지원, 2021).

이 외에도 최현숙(2015)은 숲을 인간이 교육을 위해 사용할 수 있는 가장 훌륭한 교과서이자 교실이라고 하였다. 숲에는 나무, 풀, 곤충, 벌레, 물, 돌, 흙 등이 함께 조화를 이루며 살아가고 있는데 유아들이 숲을 접하면서 자연의 조화를 알고 협력이 중요하다는 것을 깨달을 수 있기 때문이다. 이처럼 자연의 속성이 그대로 살아 숨 쉬는 곳이 바로 '숲'이라고 할 수 있다(김종혁, 2016).

2) 숲의 가치

오늘날 유아들은 대부분 도시에서 자라고 있으며 미세먼지, 전염병의 위험 등으로 인해 실외 활동의 기회를 점점 잃어가고 있다. 또한 구조화된 놀잇감이나 놀이시설에 익숙한 유아들에게 숲은 때로 불편하고 낯설게 느껴질 수도 있다. 그러나 숲의 규정되지 않은 환경이야말로 유아들의 다양한 가능성을 일깨워주기에 적합한 공간이라고 할 수 있다. 이와 같은 숲의 특징과 교육적 가치를 정리해 보면 다음과 같다(김학선, 2016; 최현숙, 2015).

첫째, 숲은 유아들에게 생명의 소중함을 일깨워준다. 숲에서 살아가는 나무와 꽃, 풀, 곤충 등은 새롭게 태어나서 성장하고 번식하고 죽음을 맞이하게 되는데 유아들은 숲에서 이와 같은 생명의 순환과정을 자연스럽게 느낄 수 있게 된다. 또한 유아는 자연과 살아 있는 생명체에 흥미를 느끼며 생명을 존중할 뿐만 아니라 자연과 교감을 나누게 된다(송민영, 2006; Cornell, 1998/2002; Louv, 2005).

둘째, 숲에서 유아들은 모든 감각을 통해 세상을 경험하게 되고 이를 통해 성장해 나간다. 숲은 계절에 따라 다양한 모습으로 변화하며 유아들은 자연스럽게 시각적으로 변화한 숲을 확인하게 된다. 또한 숲에서 들려오는 물 소리, 새 소리, 낙엽을 밟는 소리 등을 들을 수 있으며 다양한 꽃의 향기를 맡을 수도 있다. 이처럼 유아들은 숲에서 다양한 감각을 통해 정보를 받아들이게 되고, 그 과정에서 새로운 궁금증을 갖게 된다. 그리고 유아들은 자신의 궁금증을 해결해 나가며 자연의 지혜를 깨닫게 된다. 그리고 구체적으로 이를 통해 경쟁보다는 조화를, 혼자보다는 함께하는 삶의 태도를 배워가며 상장해 간다.

셋째, 숲에서 유아들은 자기가 원하는 것들을 자유롭게 경험하며 무한한 가능성과 새로운 경험을 하게 된다. 숲에서 만나게 되는 자연물들을 통해 유아들은 다양한 경험을 하게 되고 문제를 해결하기 위한 여러 시도를 해나간다. 또한 유아들은 자연물을 통한 다양한 활동을 통해 자연을 친숙하고 편안한 것으로 느끼게 된다(Wilson, 2010; 서영민, 2018에서 재인용). 이러한 과정에서 유아들은 자연물의 수십 가지 쓰임을 새롭게 발견하기도 하고 수많은 놀이를 창의적으로 만들어 나간다.

넷째, 숲은 유아의 자아실현을 이루어나갈 수 있는 공간이다. 숲은 유아들의 도전과 모험 활동을 격려한다. 즉, 나무 오르기, 흙비탈길에서 뛰어내려오기, 위험한 목공도구 등으로 놀이하는 경험을 통해 유아들은 안전을 스스로 평가할 뿐만 아니라 자기조절능력, 성취감, 자신감을 갖게 된다(신지연, 이신영, 정민정, 2019). 또한 숲은 유아들에게 정신적 · 심리적 상처를 치유해주고 편안한 안정감을 주는 공간으로 박신자(2012)의 연구에서는 숲을 자주 접촉할수록 자아실현 욕구가 강하다고 보고하였다.

다섯째, 숲은 놀이 공동체를 형성할 수 있도록 한다. 숲에서 유아들은 또래 유아들과 서로 협력하며 다양한 놀이를 진행하게 된다. 즉, 유아들이 또래와 자연스럽게 놀이하는 경험을 하게 되는 것이다.

2. 유아 숲교육의 철학적 교육사상

유아들을 대상으로 한 숲교육은 어느 한 가지의 특정한 교육사상에 기초하지는 않고 있으나 역사적으로 많은 근대교육 사상가들이 주장한 '자연주의 사상'이 반영되어 있다고 할 수 있다. 자연주의(naturalism)는 눈에 보이는 구체적 대상, 감각으로 느낄 수 있는 실존적 존재, 인위적 가공을 더하지 않은 있는 그대로의 자연을 유일한 실재로 여기는 철학이다(조형숙, 김현주, 김명하, 김명정, 2017: 51). 즉, 교육에서 '자연'을 강조하며 인간의 내재된 선한 본성을 개화시켜 조화로운 인격을 형성시키고자 한 낭만주의 유아교육사조가 반영되어 있다(곽노의, 이경순, 윤승훈, 2010). 대표적인 자연주의 사상가에 대해 살펴보면 다음과 같다.

1) 코메니우스

'근대교육의 아버지'라고 불리는 코메니우스는 어린이교육에 헌신한 신학자이자 새롭고 근대적인 교육론을 체계화한 17세기 대표적인 실학교육 사상가이다.

코메니우스의 대표적인 저서로는『대교수학』(1632)과『세계도회』(1658)가 있다.『대교수학』은 세계 최초의 교육학 저서로 인간의 교육 기간을 출생에서 24세까지로 보고 각 시기에 맞는 교육론을 제시하였다(지옥정, 김수영, 정정희, 고미애, 조혜진, 2020). 제1단계는 어머니의 무릎학교(출생~6세), 제2단계는 모국어 학교(7~12세), 제3단계는 라틴어 학교(13~18세), 제4단계는 대학 및 외국여행(19~24세)으로 구분하였다. 그 중 유아기에 해당하는 제1단계를 어머니에 의해 교육을 받아야 하며 인생에서 가장 중요한 시기로 보았다.『대교수학』이외에도『세계도회』를 저술하였는데 세계 최초로 그림이 들어가 있는 교과서로 시청각 교육의 시초가 되었다.

코메니우스의 교육방법은 크게 세 가지로 요약될 수 있는데 그 중 첫 번째가 '합자연의 원리'로 자연의 질서에 따라 학습해야 한다는 원리이다. 즉, 이는 가르치는 일은 자연과 같이 적절한 시기를 고려하라는 의미로 유아의 발달 단계를 따라 자연스럽게 이루어져야 한다는 의미이다. 또한 쉬운 것에서 어려운 것으로, 사물을 먼저 보이고 언어적 사용은 그 후에 이루어지도록 하는 것 등을 강조하였다. 두 번째는 직접적 사물을 통해 교육이 이루어져야 한다는 직관의 원리이고 교사가 사랑과 온정으로 유아를 대하되 충고와 질책이 필요함을 강조한 훈육의 원리가 마지막 세 번째 원리이다(지옥정 외, 2020).

2) 루소

루소는 18세기 대표적인 자연주의 철학가이자 계몽주의 철학가로 현대 서양 유아교육에 가장 큰 영향을 미쳤으며 숲교육에도 영향을 미쳤다. 루소의 교육사상은 "자연으로 돌아가라"라는 말로 대표되는데 이는 기독교적 세계관의 영향을 받은 것으로 신이 창조한 세계인 자연 상태를 완전한 상태로 보고 있다. 구체적으로 루소는 자연 상태에서 인간은 자유를 갖게 되지만 사회 상태에서는 제도에 의해 자유가 박탈되고 사회적인 편견으로 도덕적인 자유를 잃게 된다고 주장하면서 불평등한 사회 상태를 자연으로 되돌려야 한다고 보았다(김금주 외, 2018).

루소는 성선설을 주장하였으며 유아기는 타고난 본성이 보호받고 유지되어야 하는 시기라고 하였다(Beatty, 1995/1998). 교육은 안내해 주는 것으로서 자연의 성장 과정을 수용하고 불필요한 성인의 간섭을 최소화하는 것이라고 하며 자연의 질서에 따라 교육해야 한다는 '합자연의 교육'을 주장하였다(우수경 외, 2019). 구체적으로 주입식 교육을 반대하고 전인교육을 중시하여 유아에게 자연과 자유를 되돌려 줄 것을 강조하였다(오영희, 박창옥, 박윤자, 정미애, 2010).

루소는 교육내용을 가정교육, 신체교육, 감각교육의 측면으로 나누어서 강조하였다(김상섭, 2009). 영유아기 양육에 대한 부모의 의무와 역할을 강조하며 유아에게 가정의 역할이 매우 중요하다고 하였다. 또한 루소는 신체교육도 중요시하면서 신체발달을 위해 영양의 문제를 개선하고 신선한 공기와 자연환경을 제공해야 한다고 하였다(곽노의, 2010; 유혜령, 강은희, 박지영, 2003). 즉, 자연환경에서 유아가 신체를 단련하고 건강하게 성장하는 것이 바람직하다고 주장하였다. 마지막으로 감각교육을 강조하여 유아가 자연 속에서 오감각을 통해 자발적인 놀이와 신체 활동을 경험할 수 있도록 해야 한다고 하였다.

3) 페스탈로치

페스탈로치는 루소의 아동중심 교육사상을 계승하여 이를 실천에 옮긴 교육실천가이자 '빈민아동의 아버지', '교육의 아버지'라는 이름이 붙을 정도로 평생을 교육에 헌신하였다(우수경 외, 2019). 페스탈로치는 루소의 자연주의, 직관주의에 영향을 받아 모성애 의한 가정에서 이루어지는 유아기의 교육을 중요하게 생각하였다.

이 외에도 3H(머리-Head, 가슴-Heart, 기술-Hand)의 조화로운 발달을 통한 전인교육을 강조하였다. 따라서 머리 발달을 위해서는 실물학습, 가슴 발달을 위해서는 가정교육, 기술 발달을 위해서는 노작교육이 필요하다고 주장하였다(신득렬, 이병승, 우영효, 김회용, 2005). 구체적으로 살펴보면 직관교육을 강조하여 사물을 직접 보여주면서 가르치고 감각교육을 통해 유아들이 더 잘 기억할 수 있도록 교육하여야 한다고 하였다. 또한 가정교육에 대해서는 유아의 경우 가족 공동체에 의해 교육하는 것이 바람직하고 냉혹한 방법이 아닌 어머니의 가슴과 사랑으로 길러져야 한다고 하였다. 마지막으로 유아가 공부에 싫증을 느끼지 않도록 하기 위해 노작교육이 필요하다고 강조하였다(김명정 외, 2019).

페스탈로치의 교육사상은 루소와 같이 합자연의 원리를 주장하였으며 좀 더 구체화하여 5가지 원리로 발전시켰다(심성경 외, 2009; 우수경 외, 2019; 지옥정 외, 2020).

첫째, 자발성의 원리이다. 주입식의 교육이 아닌 학습자 내부에 깃든 자연적인 힘을 스스로 잘 발전시켜 나가도록 해야 한다는 것이다. 따라서 교육을 할 때 자기활동적 · 계발적 · 자율적 훈련방법을 적용해야 한다고 주장하였다.

둘째, 단계의 원리이다. 인간의 발달은 일정한 단계를 거쳐서 이루어지므로 교육이 이러한 단계에 따라 행해져야 한다는 것이다.

셋째, 직관의 원리이다. 교육에 있어서 구체적 사물을 통한 교육이 언어교육보다 선행되어야 하고 보는 것, 듣는 것, 행하는 것이 판단이나 추리보다 선행해야 한다고 주장하였다.

넷째, 조화 · 균형의 원리이다. 인간 내부에는 도덕적, 지능적, 신체적인 세 가지 힘이 있으며 이 세 가지가 상호 균형과 조화적 발달을 도모해야 할 것을 주장하였다.

다섯째, 개성과 사회성 조화의 원리이다. 개인이 도덕적으로 완성될 때 사회가 올바로 형성될 수 있으며 사회는 개인의 창의적 참여를 통해서 발전할 수 있다고 하였다.

4) 프뢰벨

프뢰벨은 1782년 독일의 오버바이스바흐(Oberweissbach)에서 태어났다. 작은 마을 목사의 아들로 태어났지만 생후 9개월 만에 어머니를 여의게 되었다. 외로운 청소년기를 보낸 프뢰벨은 10살 때 외삼촌의 집에 거주하면서 안정을 찾아가게 되었다. 주로 자연을 벗 삼아 지낸 유년 시절은 이후 그의 교육사상에 많은 영향을 미치게 되었다. 대학에서 페스탈로치를 만나게 되었고 그의 정신을 본받아 교육자로 살아가며 직관적이며 자연주의적인 학습방법에 대해 관심을 갖게 되었다(김명정 외, 2019; 지옥정 외, 2020).

1816년 '일반 독일연구소'를 세우고 페스탈로치에게서 배운 '합자연' 교육을 실천하고자 노력하였다. 이후 1837년 '유희와 작업 연구소'를 세워 유아를 위한 교구를 제작하여 유아를 가르쳤다. 이 시설은 이후 프뢰벨이 숲속을 산책하던 중 '어린이 정원(Kindergarten)'이라는 말이 떠올라 이름을 바꾸게 되었으며 유치원으로 불리게 되었고 오늘날 유치원의 효시가 되었다(이은화 외, 2003). 이곳에서 프뢰벨은 유아들을 위한 교구인 은물(Gabe)을 개발하였는데 최초의 체계적인 교구라는 데 의 의가 있다.

프뢰벨은 유아를 위한 교육 내용으로 자기 표현 활동을 할 수 있는 유희, 공작, 노래, 언어, 율동, 그림, 게임, 정원 가꾸기, 동물 돌보기, 산책 등을 강조하였다. 또한 놀이를 유아가 자신의 신성을 표현하는 창조적이며 자발적인 활동으로 보아 놀이의 교육적 가치를 인정하며 중요하다고 하였다(지옥정 외, 2020).

지금까지 살펴본 코메니우스, 루소, 페스탈로치, 프뢰벨의 교육사상이 유아 숲 교육에 주는 시사점으로는 유아기는 매우 중요한 시기이며 자연 속에서 직접적으로 이루어지는 경험과 감각을 통한 다양한 체험, 자유로운 놀이를 제공해야 한다는 것이다(곽노의 외, 2010). 따라서 유아들이 숲에서 자유롭게 뛰어놀며 오감각을 통해 자연물을 탐색하고 배우며 성장해 나갈 수 있도록 하는 것이 필요하다.

3. 유아 숲교육의 개념

최근 숲에서 이루어지는 교육에 대한 관심이 증가하고 있으나 이에 대해 숲교육, 자연교육, 산림교육, 생태교육, 숲체험 활동 등 비슷한 용어들로 혼재되어 사용되고 있다. 본서에서는 유아들을 대상으로 숲에서 진행되는 다양한 놀이와 활동을 '숲교육'이라는 용어로 통일하여 숲교육에 대해 논하고자 한다.

자연은 유아의 발달에 긍정적인 영향을 미치며 좋은 교육적 경험을 제공하는 곳으로 자연 자체를 직접 체험하고 배우고 느끼고 조작할 수 있는 최적의 교육장소가 된다(이명환, 2007). 최근 유아들의 경우 주로 도시에서 생활하기 때문에 자연을 접할 기회가 없는데 숲은 유아들에게 자연을 접할 수 있는 경험을 제공해 준다. 또한 숲은 유아들에게 자연의 이치를 일깨워주고 그 안에 살고 있는 식물, 동물, 작은 미생물까지도 나름의 역할을 하며 서로 돕고 살아간다는 삶의 진리를 배울 수 있게 해준다(박신자, 2012). 이와 같이 유아들이 숲에서 다양한 교육적 경험을 할 수 있도록 하는 것이 숲교육이라고 할 수 있다. 숲교육에 대한 정의는 학자들마다 다양한데 구체적으로 살펴보면 다음과 같다.

숲교육은 유아가 숲에서 자유롭고 충분히 뛰어놀고 오감을 통해 식물, 동물, 곤충, 돌, 흙, 하늘, 바람 등 자연 만물과 교감하는 체험 중심의 활동을 하며 일정 시간 규칙적으로 생활하는 것이다(임재택, 하정연, 이소영, 2013). 곽노의 등(2010)은 숲교육을 유아의 전인적인 발달을 돕는 교육으로, 숲 자체를 유아교육기관으로 삼고 숲 속의 모든 자연물을 놀잇감과 교구로 활용하는 교육으로 정의하였다. 이 외에도 숲교육은 자연으로부터 일탈되어 가는 유아들에게 자연에서의 체험을 통해 숲과의 조화로운 관계를 형성시키고 유아의 정신과 신체를 전인적으로 성장 · 발달시킬 수 있도록 이끌어주는 교육으로 정의되기도 하였다(이명환, 2007; 임재택, 2012). 김은숙(2010)의 경우 계절과 자연환경의 변화가 있는 숲이라는 공간에서 접할 수 있는 여러 자연물, 동식물, 곤충 등을 주제로 유아들이 스스로 놀이를 통해 주제와 관련된 내용을 익히는 대안 교육을 숲교육으로 정의하였다. 이점숙(2013) 역시 숲에서 자연물이나 대상물을 이용해 오감을 통한 경험을 하는 감각적 경험 활동이라고 정의하고 있다.

숲교육의 가장 핵심적인 특징은 유아주도의 자유놀이로 숲교육에서 유아들의 자유놀이는 최고의 가치를 가지고 있다고 할 수 있다(신지연 외, 2019). 숲에서의 자유놀이를 통해 유아들은 자연의 변화, 생태적 순환의 고리 등을 스스로 깨우쳐 가게 된다(장희정, 박인기, 2014). 즉, 숲에서의 자유놀이는 숲과 유아의 본성과의 직접적인 만남이 이루어질 수 있도록 하며 그 과정에서 유아들은 자연 생태에 대해 스스로 발견하고 탐색하며 배워나가게 된다.

이와 같은 정의들을 종합해 볼 때 숲교육은 유아들이 숲에서 오감을 통해 자연을 느끼고 다양한 자연물을 탐색하거나 자연물을 활용한 자유놀이를 통해 유아의 전인발달을 돕는 교육이라고 할 수 있다. 그러나 숲교육의 개념을 이해하기 위해 한 가지 주의해야 할 점은 '교육'이라는 용어 때문에 숲에서 무엇을 가르쳐야 한다든지 유아들이 무엇을 배워야 한다는 압력을 가질 필요가 없다는 것이다(주귀란, 2016). 앞에서 살펴본 바와 같이 숲에서 경험하게 되는 자연물은 이미 유아들이 흥미를 갖기에 충분하며 자연물을 활용한 놀이를 통해 유아들은 자연스럽게 자연의 생태를 배워나가며 성장해 나간다고 할 수 있다. 따라서 '숲교육'으로 정의되지만 유아들이 숲에서 자유롭게 놀이하도록 하며 교사가 준비한 활동들도 균형적으로 제공하여 유아들이 숲을 즐기며 경험해 나가도록 해야 할 것이다.

4. 유아 숲교육의 필요성

오늘날 많은 유아들은 대부분의 시간을 실내에서 보내게 되며 점점 야외 활동을 경험할 기회를 잃어가고 있다(Prezza, Alparone, Cristallo, & Secchiano, 2005). 이는 실외놀이를 할 수 있는 야외 공간이 점점 사라지고 있는 것과 야외 활동은 위험하다는 부모들의 인식에 기인한 측면이 있다(Knecht, 2008). 또한 우리 사회의 입시 위주의 교육풍토와 부모의 과도한 교육열 등으로 인해 야외 활동보다는 조기교육이 성행하기 때문이기도 하다.

유아 숲교육의 필요성에 대해 살펴봄으로써 유아들에게 숲교육이 어떤 의미를 가지며 왜 중요한지를 모색해 보고자 한다.

1) 사회적인 측면

(1) 몸과 마음이 아픈 유아들

최근 환경오염, 서구화된 식습관, 운동 부족 등의 문제로 인해 몸과 마음에 질병을 앓고 있는 유아들의 수가 증가하고 있다. 이러한 상황에서 과거에는 없던 아토피와 같은 각종 새로운 질환을 앓고 있거나 소아암, 소아당뇨 등과 같은 질병을 앓고 있는 유아들도 증가하고 있다. 또한 신체적인 문제뿐만 아니라 과잉행동장애(ADHD), 스마트폰 중독, 게임 중독 등과 같은 정신적인 측면에서 어려움을 가진 유아도 증가하는 추세이다(임재택, 2018).

이호영과 임재택(2003)이 부산지역 어린이집 유아를 대상으로 진행한 연구에 따르면 10명 중 8명 정도가 일 년 내내 감기를 앓고 있고 있으며 그 중 일부는 폐렴과 천식을 앓고 있는 것으로 나타났다. 이 외에도 식습관으로 인한 치아질환, 소아비만과 같은 질환을 갖고 있는 유아들도 많은 것으로 보고되었다.

(2) 지나친 조기교육과 경쟁이 심한 유아교육

오늘날 유아들은 타고난 본성, 흥미, 자발성이 존중되기보다는 부모의 뜻에 따라 사회적 성공이 보장된 인재로 키워내기 위해 어린 시기부터 지나친 사교육에 노출되어 있다(곽노의 외, 2010). 이렇다 보니 어린 영아가 아직 자신의 발달 수준에 맞지 않는 한자교육, 영어교육, 예체능교육 등을 받게 되고 그에 따라 영유아기임에도 불구하고 제대로 놀이할 시간조차 없는 상황이다. 실제 유아들의 사교육 실태를 분석한 연구에 따르면 만 5세의 83.6%, 만 2세의 35.5%가 사교육을 받고 있는 것으로 나타났다(김은영, 최효미, 최지은, 장미경, 2016). 이러한 현상에 대해 임재택(2018)은 유아교육이라는 이름으로 이루어지는 행위들의 대부분은 유아를 살리고 교육을 살리고 생명을 살리는 일보다는 유아와 교육, 생명을 죽이는 일에 가깝다고 하였다.

(3) 실내 생활 중심의 놀이, 스마트기기, 상업적 장난감

우리나라 3~9세 아이들의 실외 활동 시간을 조사한 연구에 따르면 우리나라는 1일 34분으로 미국(1일 119분), 캐나다(1일 100분) 아이들의 1/3에 불과하였다. 이러한 원인은 조기교육으로 인한 시간의 부족, 환경적으로 뛰어놀 수 있는 물리적 공간의 부족 때문이다(신지연 외, 2019).

이렇게 유아들의 놀이는 실외보다는 실내환경에서 주로 이루어지며 유아들의 놀잇감도 스마트폰, 태블릿 PC와 같은 상업적인 장난감으로 변화되고 있다. 이로 인해 앞에서 살펴본 바와 같이 다양한 신체적 · 정신적인 어려움을 가진 유아들이 증가하고 있다.

(4) 제4차 산업혁명 시대

인공지능(AI), 빅데이터 기술, 사물인터넷(IoT), 로봇, 3D 프린팅 등으로 대변되는 제4차 산업혁명 시대가 도래하였다. 그리고 이미 이러한 기술들이 접목된 자동차, TV, 스피커 등을 사용하고 있으며 산업현장에서도 사람을 대신한 로봇들이 일을 하는 등 우리 삶 전반에 걸쳐 영향을 미치고 있다. 그러나 이와 같은 기술의 발전이 반드시 긍정적인 영향만을 미치는 것은 아니다. 미래학자 토마스 프레이(Thomas Frey)는 앞으로 2030년이 되면 현 직업의 50%, 약 20억 개의 직업이 사라지게 될 것이라고 예측하였다(김유경, 2019).

우리 유아들이 살아갈 미래 사회가 지금보다 더 발전되며 기존의 직업들이 많이 사라지게 된다면 미래사회를 준비해야 할 지금의 교육은 어떠한 준비가 필요할 것인가 하는 고민을 갖게 된다. 그리고 교육에서는 인공지능이 대체할 수 없는 '인간만의 고유 능력'을 발전시켜야 한다고 주장한다(신지연 외, 2019). 인간만의 고유 능력을 유아교육 관점에서 설명하면 '호기심에서 나오는 질문', '감수성에서 나오는 공감력', '상상력에서 나오는 창의력' 등으로 말할 수 있으며, 이는 제4차 산업혁명 시대를 대비한 창의 · 융합적인 인재가 되기 위한 중요한 핵심역량이다(곽노의, 2018). 그리고 이와 같은 역량을 모두 기를 수 있는 곳이 바로 숲이다. 숲에서 유아들은 자연에 대한 호기심을 가지며 질문을 하게 되고 자연에서 또래와 함께 어울려 놀이하며 자연스럽게 공감력을 기르고, 자연물을 가지고 자기만의 상상력을 발휘하여 창의력을 함양할 수 있기 때문이다.

(5) 지속가능발전교육

지속가능발전(Sustainable Development)이라는 용어는 1987년 세계환경개발위원회(ECED)가 발표한 보고서인 「우리 공동의 미래(Our Common Future)」에서 '미래 세대가 그들의 필요를 충족시킬 능력을 저해하지 않으면서 현재 세대의 필요를 충족시키는 발전'이라고 정의하면서 오늘날까지 사용되고 있다(지속가능발전포털, 2021). 2008년 제정된 「지속가능발전법」에서는 '현재 세대의 필요를 충족시키기 위하여 미래 세대가 사용할 경제 · 사회 · 환경 등의 자원을 낭비하거나 여건을 저하시키지 않고 서로 조화와 균형을 이루는 것을 뜻하는 지속가능성 개념에 기초하여 경제의 성장, 사회의 안정과 통합 및 환경의 보전이 균형을 이루는 발전'이라고 정의하고 있다(법제처, 2020).

이러한 개념을 토대로 지속가능발전교육을 정의해 보면 지속가능한 미래와 사회 변혁을 위해 필요한 가치행동, 삶의 방식을 배울 수 있는 사회를 지향하는 교육으로 환경교육과는 달리 전 지구적으로 국가와 사회의 지속가능성에 영향을 미치는 환경적 · 사회적 · 경제적 이슈들을 이해하고 해결하는 교육이다(UNESCO, 2004; 2005). 이처럼 지속가능발전교육은 기본적으로 개인이 지닌 태도와 가치를 변화시켜 행동을 실천하는 것을 추구하기 때문에 유아기부터 지속가능발전교육이 이루어진다면 그 영향력이 더욱 커지게 된다(Siraj-Blatchford, 2009).

유럽, 미국, 캐나다, 호주, 뉴질랜드, 일본 등은 지속가능발전교육으로 자연교육(outdoor education)을 강조해 왔으며, 최근 숲유치원이 크게 각광을 받으면서 숲교육이 전 세계적으로 확산되고 있다(이신영, 2015). 최근 한국도 숲교육에서의 지속가능발전교육을 지향하고 있으며 숲교육을 통해 우리나라 미래의 지속가능성과 발전에 긍정적인 영향을 미치게 될 것으로 기대된다(신지연 외, 2019).

2) 유아의 발달 측면

(1) 긍정적 사고와 존재감 향상

유아들은 숲에서 활동하며 즐거움과 행복함을 느끼게 된다. 유아들이 숲교육을 시작한 초기에는 숲을 낯설어하고 때로는 불편함을 느낄 수도 있지만 이러한 느낌은 오래 가지 않는 것을 볼 수 있다. 유아들은 바람이 불고 비가 와도, 눈이 오는 궂은 날에도 숲에 나가 활동하는 것을 즐거워하고 행복한 감정을 느끼게 된다. 또한 자연의 질서에 따르며 자연을 있는 그대로 받아들이는 과정을 통해 유아들은 다양한 경험을 하게 되는데 그 과정에서 자아를 발견하고 자신에 대한 긍정적인 정체감을 형성할 수 있다.

(2) 자기 감정을 조절하는 능력 신장

유아들은 유아교육기관에서 대부분의 시간을 실내에서 지내게 되며 그에 따라 활동에 제약을 받을 수밖에 없다. 그러나 숲에서는 유아들이 자유롭게 몸을 움직이며 자신 안에 잠재된 욕구를 표출할 수 있다. 하지만 숲에서 모든 활동에 자유로움만 있는 것은 아니다. 때로는 자신의 신체와 감정을 적절히 조절할 수 있어야 한다. 이러한 과정을 통해 유아들은 자기 통제력을 가질 수 있게 된다. 또한 유아들은 숲에서 자연물을 가지고 놀이하며 자연스럽게 자신의 감정을 표출하게 된다. 뿐만 아니라 또래들과 함께 놀이하면서 상대방을 배려하며 자신의 감정을 조절하는 능력까지 배울 수 있게 된다.

(3) 통합적 사고 증진

숲에서 이루어지는 교육은 유아들에게 나무나 식물의 이름, 곤충의 이름 등을 외우도록 강요하지 않는다. 즉, 지식을 강제적으로 주입하는 교육 방식이 아닌 유아들이 숲의 변화를 오감과 마음으로 느끼며 자연스럽게 알아가도록 한다.

숲은 계절에 따라 다양한 모습을 가지고 있다. 같은 나무라 할지라도 계절에 따라 모습이 다르다. 숲에서 일어나는 작은 변화를 경험하고 느끼는 그 자체가 유아들에게는 '알고 싶다'는 호기심과 지적 욕구를 자극하게 된다(장희정, 2010). 이처럼 호기심이 가득한 숲에서 유아들은 궁금한 내용을 스스로 알아가는 과정을 경험하게 되고 자연의 섭리와 그 속에서 살아가는 동식물과 인간의 관계를 자연스럽게 깨달을 수 있다.

(4) 성취감과 자립심 향상

최근 우리 사회는 유치원부터 대학까지 부모가 정해놓은 계획표에 따라 생활하는 경우가 많다. 모든 계획과 결정을 부모가 하다 보니 유아들은 수동적인 생활을 할 수밖에 없으며 자립심을 키우는 데 어려움을 갖게 된다.

숲에서 유아들은 자유로운 놀이 시간을 통해 자연물을 이용하여 자신이 상상하는 놀이를 구체화해 나가며 그 과정에서 때로는 시행착오를 경험하게 된다. 또한 자신이 선택하고 결정한 일에 대한 결과를 받아들이는 방법을 배워나가게 된다. 때로는 실패와 시행착오를 거치지만 끝내 완성된 결과를 통해 성취감을 맛보게 된다. 그리고 그러한 성취감은 '나도 스스로 할 수 있다'는 자립심을 키우는 원동력이 된다(장희정, 2010).

(5) 건강한 신체 발달 및 창의력 증진

숲에서 유아들은 자유롭게 뛰놀 수 있으며 비탈진 언덕을 오르고 내리는 경험을 할 수 있다. 이처럼 유아들은 자유롭게 숲을 뛰어다니며 자연스럽게 몸의 균형감각을 기르고 몸이 튼튼해지게 된다. 이 외에도 유아들은 작은 자연물들을 가지고 놀이하며 소근육을 발달시킬 수 있다.

또한 숲에는 정형화된 장난감이 없기 때문에 주변의 나뭇가지와 돌멩이, 솔방울 등 모든 자연물이 유아의 놀잇감이 된다. 예로 나뭇가지는 마법의 빗자루가 되기도 하고 자동차 길이 되기도 하는 등 단순한 나뭇가지가 아니라 놀이에 따라 자유롭게 변하며 놀이가 진행된다. 이러한 과정을 통해 유아들은 자연스럽게 창의력을 키워나갈 수 있게 된다.

5. 유아 숲교육의 효과

숲에서 유아들이 몸을 움직이며 놀이를 한다는 것은 단순히 육체적인 활동만이 아니라 유아의 몸과 마음, 생각이 함께 자라는 것이다(이명환, 2003). 이렇게 숲에서 활동하는 동안 유아들은 자연과 또래와 상호작용하며 성장해 나간다. Healey(2010)는 숲에서의 다양한 경험은 유아의 사회 · 정서 발달에 영향을 미치게 되며 이는 평생에 영향을 끼치는 풍부한 보물을 비축하는 것이라고 하였다. 이처럼 숲은 유아의 전인발달을 이끌어 주는 최적의 장소인 것이다. 구체적으로 숲교육을 통해 유아들이 어떻게 발달해 나가는지 다양한 선행연구 결과를 분석해 보며 그 효과를 살펴보고자 한다.

1) 신체 건강

유아들이 방문하게 되는 숲은 평지처럼 평평하지만은 않다. 때로는 고르지 않는 길을 걷기도 하고 비탈길을 오르내리거나 쓰러진 나무 위를 걸으면서 몸의 균형감각을 익힐 수 있다(김은숙, 2010). 실제 숲활동을 주기적으로 하는 학급과 일반 학급 유아들의 신체 조성 및 체력, 체격을 비교한 연구들에 따르면 숲활동을 하는 유아들의 근육량, 근력, 근지구력, 민첩성이 증가하고 기초 체력도 더 우수한 것으

[사진 1-1] 나무 위를 오르는 유아들

로 보고하고 있다(김은주, 임재택, 변지혜, 2012; 신지연, 김정현, 정이정, 2C12). 또한 숲에서 신선한 공기와 다양한 날씨 변화에 적응하며 신체와 정신을 단련해 나가면서 더욱 건강하게 자랄 수 있다(이명환, 2007; 장희정, 박인기, 2014). 특히 유아의 면역력이 발달되어 한 겨울 숲에서 뛰어놀아도 감기에 걸리지 않을 만큼 건강하게 된다(곽노의 외, 2010).

2) 자아 존중감 발달

인간이 살아가는 데 있어서 무엇보다 중요한 것이 바로 자기 자신을 소중히 여기며 스스로 가치 있는 사람이라고 생각하는 것이다. 즉, 정서 및 심리적으로 보다 더 건강하고 행복한 삶을 살아가기 위해서는 긍정적인 자아 존중감을 형성하는 것이 무엇보다 중요하다.

[사진 1-2] 내가 만든 작품을 소개하는 유아들

자아 존중감(self-esteem)이란 '자신의 능력, 특성, 가치에 대한 판단이나 평가적 측면'으로서 자기 자신에게 주는 값어치라고 정의할 수 있다(박찬옥, 서동미, 엄은나, 2021). 이러한 자아 존중감은 유아기에 발달하게 되는데 다른 사람들이 나를 어떻게 생각하고 평가하며 반응해 주는가에 따라 자아 존중감을 형성해 나가게 된다. 이를 종합해 볼 때 자아 존중감은 자신에 대한 평가적 요소를 지니고 있으며 타인과의 관계 속에서 긍정적인 자아 존중감이 발달해 나간다고 할 수 있다.

숲에서 자유롭게 놀이하는 경험은 유아 내면에 안정감을 갖게 하고 또래와 긍정적인 관계를 형성하도록 한다. 그 결과 많은 선행연구들에 따르면 숲에서의 활동을 통해 유아들은 높은 자아 존중감을 갖게 되고 자신과 타인에 대한 존중감도 발달시키는 것으로 보고하고 있다(김시내, 2013; 김현희, 2014; 서윤정, 2013; 유정하, 2014).

숲은 유아들로 하여금 자신을 신뢰하고 스스로에게 믿음을 갖도록 만들어 주는 곳(김은숙, 2019)이며 유아들은 그 속에서 자기 스스로를 바르게 인식하며 커 나가게 된다.

3) 사회 · 정서 발달

유아들은 숲에서 자유롭게 뛰어놀며 자연과의 교감을 통해 다양한 정서를 느끼게 되고 또래와의 놀이를 통해서는 서로 배려하고 협동하는 경험을 하게 된다. 실제 숲에서의 놀이를 통해 또래와의 활발한 교류를 하게 되며 원만한 친구관계를 형성할 뿐만 아니라 유아들의 사회성 발달에 영향을 미치는 것으로 보고되었다(부은순, 오창홍, 정동욱, 박정환, 2013; 이영주, 2012; 진봉희, 2013; Knight, 2013). 구체적으로 전주영(2013)은 숲에서 유아들은 자유로움을 느끼게 되며 숲의 편안함이 친구들을 돕고 다정하게 대하는 자발적인 친절을 드러내게 된다고 하였다. 또한 이현정과 정대현(2017)의 연구에 따르면 숲교육을 경험한 유아들이 사회성의 하위요소인 협동성, 자율성, 또래 간 상호작용에서 숲교육 경험이 없는 유아들보다 높게 나타났다. 김인숙과 남미경(2021), 이영녀(2014)의 연구에서는 숲체험과 연계한 바깥놀이가 영아의 자기조절, 사회적 관계 발달에 영향을 미치는 것으로 보고하였다.

이 외에도 숲에서 마음껏 뛰어노는 경험을 통해 유아들은 스트레스를 해소하게 되고 더불어 숲속의 다양함과 고요함은 유아들에게 내적 평화로움과 정서적 안정감을 준다(곽노의 외, 2010).

[사진 1-3] 친구들과 협력하여 놀이하는 유아들

4) 탐구능력 · 표현능력 발달

숲에는 유아들의 호기심을 자극하는 것들로 가득하다. 작은 벌레부터 곤충, 계절에 따른 식물의 변화, 흙과 나무 모두 유아들에게는 좋은 놀잇감이 되고 유아의 흥미를 유발한다. 유아들은 이와 같은 것들을 자연스럽게 관찰하며 다양한 궁금증을 갖게 되고 교사는 유아들이 자신의 궁금증을 스스로 해결해 나갈 수 있도록 지원하는 역할을 해야 한다. 그리고 이 과정에서 유아들은 관찰하기, 분류하기, 측정하기, 예측하기, 토의하기, 의사소통하기 등의 과학과정기술을 자연스럽게 습득할 수 있다(윤기연, 2008). 즉, 유아들은 자신의 궁금증에 대해 해결하는 과정을 통해 과학적 탐구 기회를 갖게 되며 그 결과 과학적 기초지식과 탐구과정을 익히게 되는 것이다(김경숙, 김정준, 2017; 김민화, 2014). 이 외에도 많은 선행연구들에서 유아가 숲에서 자유롭게 놀이하고 참여하는 활동이 유아의 과학적 사고력, 탐구능력 등에 영향을 미치는 것으로 보고하고 있다(김지영, 김혜순, 2016; 박가영, 2016; 서영민, 김낙흥, 2016; 안희수, 2014).

또한 유아들은 자신의 생각과 느낌을 몸짓이나 그림 등으로 표현하는 것을 즐기는데 숲교육을 통해 유아들의 표현능력이 발달하는 것으로 보고되고 있다. 구체적으로 김미영(2015)의 연구에 따르면 유아들은 사물과 자연 등을 봄으로써 아름다움에 대한 인식과 민감성이 향상되고 이를 통해 아름다움을 창조할 수 있는 표현력까지 발달하는 것으로 나타났다. 실제로 유아들은 자연물을 활용하여 그리고, 오리고, 붙이는 등의 표현 기법을 사용해서 창의적인 작품을 완성하는 것으로 보고되었다(김혜원, 장영숙, 2015). 비구조적인 자연물을 활용하여 유아들 스스로 생각이나 느낌을 자유롭게 표현하고 유아들이 해방감을 느끼며 정서적 안정을 얻을 수 있도록 도울 수도 있다(임경아, 2020).

이 외에도 숲에서 다양한 음악 활동을 진행하게 되는데 문영희(2009)의 연구에 따르면 실제 숲에서 음악 활동을 통해 유아의 음악능력이 향상되는 것으로 보고하고 있다. 즉, 유아가 자연물을 관찰하고 만져보고 다양한 소리를 직접 만들어

보고 표현해 보는 활동을 통해 유아의 음감과 리듬감이 향상되었다고 하였다. 또한 장정애(2011)와 박진희(2012)의 연구에서는 자연의 소리를 활용하여 음악 활동을 진행했을 때 유아의 음악인지능력과 음악표현능력이 향상된 것으로 나타났다. 남보라(2015)의 연구에서는 숲체험을 통한 창작음악극 활동을 진행했는데 유아의 음악능력에도 영향을 미치는 것으로 보고되었다. 이러한 연구결과는 숲에서 다양한 예술표현 활동이 유아의 표현능력 발달에 긍정적인 효과가 있다는 것을 보여주고 있다.

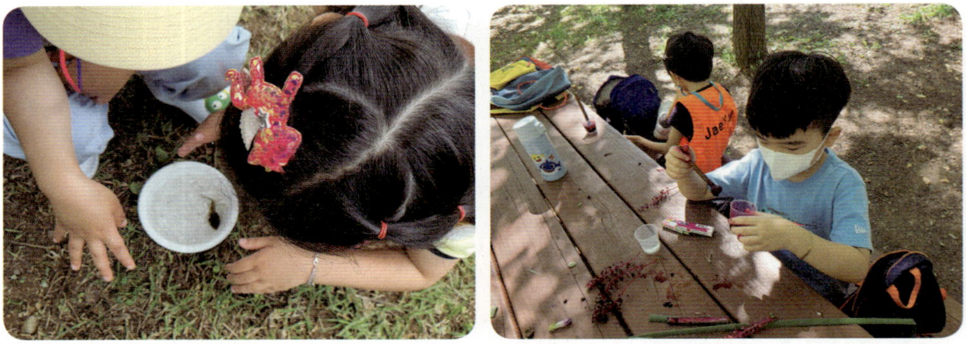

[사진 1-4] 곤충 탐색 및 자연물을 활용한 표현 활동 중인 유아들

5) 언어 발달

유아들은 숲에서 또래나 교사와 자발적이고 능동적인 상호작용을 하며 긍정적이고 창의적인 언어표현으로 자신의 감정을 전달하는 경험을 하게 된다. 특히 숲에는 매일 새롭게 발견하고 탐구해야 할 자연물들이 있기 때문에 이를 통한 무수한 의사소통이 가능하고 이런 과정을 통해 의사소통능력이 촉진될 수 있다(장미숙, 2013). 이 외에도 유아의 어휘 중에서 부사, 형용사, 관형사가 더 많이 나타났으며 문장 길이와 문장 수에서도 긍정적인 효과가 있는 것으로 밝혀졌다(이인숙, 2008).

또한 숲에서도 일반적으로 언어와 관련된 동시, 동화 등의 활동을 진행할 수 있다. 실제 소희정(2006), 유선희(2015)와 유진영(2007)의 연구에 따르면 숲에서 진행된 동시 짓기 활동을 통해 유아들이 자연스럽게 자신의 생각과 느낌을 언어로 표현하게 되며 구체적으로 언어표현력이 발달하게 된다고 보고하였다. 윤길순(2017)의 연구에서는 유아들이 숲으로 이동하는 길이나 숲에서 놀이하는 시간에 발견한 소재를 유아들과 자연스럽게 이야기를 나누며 창작동화짓기 활동을 진행하였을 때 유아들의 단어 수, 표현 어휘, 문장 수, 문장 길이 모두 향상되는 것으로 나타났다.

[사진 1-5] 눈 위에 글씨를 써보는 유아

지금까지 살펴본 결과 숲에서 이루어지는 다양한 경험은 유아의 언어능력을 자극하고 언어표현력 발달에 긍정적인 영향을 미친다는 사실을 확인할 수 있다.

6) 창의성 발달

4차 산업혁명 시대를 이끌어 나갈 유아들에게 창의성은 꼭 필요한 핵심역량 중 하나이다(곽노의, 2018). 창의성이란 사물이나 행위를 새로운 시각으로 관찰하고 새로운 의미를 찾아내려는 자세나 사고방식을 의미하며 창의성의 구성요인에는 유창성, 융통성, 독창성, 상상력이 포함된다(전경원, 2010). 유창성은 특정한 상황에서 가능한 한 많은 아이디어나 해결책을 산출해 내는 능력을 의미하고, 융통성은 고정적인 사고방식이나 시각을 변환시켜 다양하고 광범위한 아이디어나 해결책을 산출해 내는 능력으로 정의된다. 또한 독창성은 기존의 사고에서 탈피하여 희귀하고 참신하며 독특한 아이디어를 산출해 내는 능력이며, 상상력은 과거의 경험을 기초로 앞으로의 행동을 계획하며 새로운 표상을 만드는 능력이라고 할 수 있다(전경원, 2010). 이와 같은 창의성이 발달하기에 가장 적합한 장소가 바로 숲이며, 숲의 풍부한 자연환경과 그 속에서의 놀이 경험을 통해 유아들의 창의성이 신장

될 수 있다(김영옥, 이연주, 이연화, 2019).

숲에서는 놀이 방법이 정해져 있는 놀잇감 대신 유아들이 자연 속에서 자연물을 이용해 스스로 놀거리를 찾아 놀이를 하기 때문에 자신의 잠재된 특별한 능력과 재주를 발달시킬 자연스러운 기회를 갖게 된다(곽노의 외, 2010). 실제 숲유치원 유아들의 놀이를 관찰한 김은숙(2010)의 연구에 따르면 유아들이 자신의 요구에 따라 자연물을 선택하고 그 자연물에 의미를 부여하며 놀이를 하는 것으로 나타났다. 구체적으로 김연(2011)은 숲에서 유아들이 신체놀이, 소꿉놀이, 조작놀이, 구조물 만들기, 흙놀이 등에서 창의적으로 놀이가 진행된다고 하였다. 이처럼 숲에 있는 자연물은 유아들이 자신의 놀이나 마음에 따라 무궁무진하게 이름을 붙여 다양한 놀이를 할 수 있기 때문에 유아의 창의성을 일깨우기에 적합하다고 할 수 있다.

숲에서 진행되는 다양한 활동이 유아의 창의성에 영향을 미친다는 연구는 꾸준하게 이루어지고 있다. 구체적으로 숲체험 활동 및 자유놀이를 통해(김수희, 2021; 김시내, 2013; 김은숙, 2013; 소명수, 2012; 오미라, 2021; 임태영, 2017; 전홍선, 2015), 숲에서의 미술활동(김정아, 2015; 김주미, 2014; 안명숙, 2013; 이윤호, 2017)을 통해 유아의 창의성이 발달되는 것으로 보고되고 있다.

실제 숲에서 유아들이 어떻게 놀이하는지를 살펴본 이미연과 권정윤(2021)의 연구에 따르면 자유놀이시간 중 유아들이 땅을 파서 생긴 흙에 관심을 보이며 시작된 놀이가 물을 섞어서 진흙놀이로, 주변의 나뭇가지를 활용하여 빼빼로와 핫도

[사진 1-6] 자유롭게 숲에서 놀이하는 유아들

그 만들기 놀이로 이어지다 최종적으로 음식점 놀이까지 진행되었다. 이와 같은 사례를 통해서 볼 수 있는 것처럼 숲에서 유아들의 놀이는 주변의 자연물을 활용하며 점점 창의적이고 새로운 놀이로 확장되는 것을 볼 수 있다.

지금까지 살펴본 선행연구 결과를 통해 알 수 있듯이 숲에서의 다양한 활동 경험은 유아의 창의성 발달에 필연적인 결과라고 볼 수 있다. 따라서 유아들이 숲에서 자유롭게 주변을 탐색하고 자신의 무한한 상상력을 발휘하여 놀이에 참여할 수 있는 경험을 제공하는 것이 중요하다는 것을 확인할 수 있다.

Chapter 2

유아숲체험원 및 숲유치원

1. 유아숲체험원과 유아숲지도사

현재 우리나라에서 진행되고 있는 숲교육은 매일 이루어지기보다는 정기적으로 숲을 방문하여 체험하는 형태로 이루어지고 있다. 따라서 유아교육기관에서는 주로 숲교육을 위해 정기적으로 유아숲체험원을 방문하게 된다. 이에 맞춰 산림청과 각 지자체 역시 숲교육 활성화를 위해 유아숲체험원을 조성하여 운영하고 있다. 따라서 이번 장에서는 유아숲체험원의 정의와 등록기준, 유아숲체험원에서 운영되는 프로그램, 유아숲교육전문가인 유아숲지도사에 대해 구체적으로 살펴보고자 한다.

1) 유아숲체험원의 정의 및 현황

유아숲체험원이란 '유아가 산림의 다양한 기능을 체험함으로써 정서를 함양하고 전인적 성장을 할 수 있도록 지도 · 교육하는 시설'을 말한다. 유아숲체험원은 기본적으로 대통령령으로 정하는 기준에 적합한 시설과 인력을 갖추어야 한다(법제처, 2018). 유아숲체험원의 법적 정의에는 '시설'이라는 표현을 쓰고 있지만 그 본질은 시설보다는 공간의 의미가 더 크다고 할 수 있다. 또한 유아숲체험원은 인공 시설보다는 '숲을 만나고', '숲을 발견하고', '숲과 하나가 되는' 자연 체험 위주의 공간 조성을 지향한다. 따라서 유아숲체험원 조성과 프로그램 운영에 있어서 형식이나 규칙, 통제와 제한은 최소화하고 있다(산림청, 2014).

2021년 2월 기준 산림청에 등록된 유아숲체험원의 등록현황을 살펴보면 전국에 총 342개가 있는 것으로 보고되었다(산림청a, 2021). 서울시는 2011년 관악산 도시자연공원 청룡산지구, 우장근린공원, 응봉근린공원 유아숲체험장 3곳을 시범 조성하여 운영을 시작하였다(한유정, 2020). 이후 지금은 총 52개의 유아숲체험원을 조성, 운영, 관리하고 있는 것으로 나타나 지자체 중 가장 많은 유아숲체험원을 보유하고 있다.

[표 2-1] 2021년 유아숲체험원 등록현황 (단위: 개)

지역	서울	인천	경기	강원도	대전	충청도	세종	부산	대구	울산	경상도	광주	전라도	제주도	계
개수	52	15	79	33	11	28	3	8	5	3	47	11	41	6	342

2) 유아숲체험원의 등록기준

산림교육의 활성화에 관한 법률 시행령에 따르면 유아숲체원의 등록기준을 다음과 같이 제시하고 있다(법제처, 2018; 산림청, 2014). 이를 통해 유아숲체험원에 대한 이해를 돕고자 한다.

(1) 유아숲체험원의 입지조건

유아숲체험원의 입지조건 (산림교육법 시행령 별표3)

가. 유아숲체험원은 숲의 식생(植生)이 다양하여야 하고, 숲의 건전성을 유지하고 있어야 한다.
나. 유아숲체험원은 위험시설(「주택건설기준 등에 관한 규정」 제9조의2제1항 각 호의 시설을 말한다)로부터 수평거리 50m 이상 떨어진 곳에 위치하여야 한다.
다. 차량의 접근이 가능한 지역에서부터 1㎞ 이내에 위치하여야 한다.

안전사고 발생 등 비상시를 대비하여 유아숲체험원의 활동 범위가 차량의 접근이 가능한 지역에서부터 1km 이내 거리에 위치해야 할 것을 명시하고 있다.

(2) 규모 및 시설

유아숲체험원의 규모 및 시설 (산림교육법 시행령 별표3)

가. 유아숲체험원의 규모는 1만㎡ 이상이어야 한다.
나. 유아숲체험원은 다음의 시설을 갖추어야 한다.
  1) 야외체험학습장: 숲체험, 생태놀이, 관찰학습 등을 할 수 있는 공간으로서 그 규모는 유아숲체험원 전체 규모의 30% 이상이어야 한다.
  2) 대피시설: 비, 바람 등을 피할 수 있는 시설로서 목재구조 간이시설이나 임시시설이어야 한다.
  3) 안전시설: 위험지역에는 목재로 된 안전펜스 등의 안전시설을 설치하여야 한다.
다. 유아숲체험원에 화장실이나 의자, 탁자 등 휴게시설을 설치하는 경우에는 다음의 기준을 충족하여야 한다.
  1) 입지의 특성에 맞게 이용하기 편리한 구조로 되어 있을 것
  2) 자연친화적인 간이시설 또는 임시시설일 것

유아숲체험원은 크게 의무시설(야외체험학습장, 대피시설, 안전시설)과 임의시설(화장실, 휴게시설)로 구분되어 있다.

야외체험학습장은 유아들이 주로 활동하는 공간으로 다양한 프로그램이 운영될 수 있도록 기반 체험 공간을 갖춰야 한다. 또한 야외체험학습장은 유아들의 창의력을 신장할 수 있게 다양한 체험이 가능하도록 조성해야 한다.

야외체험학습장에는 유아들을 위한 물놀이 공간을 구성할 수 있는데 유아들이 물놀이를 할 수 있는 놀이형, 물웅덩이를 활용한 생태연못을 조성하여 다양한 수서생태계(수생식물, 개구리, 도롱뇽 알 등)를 관찰할 수 있는 교육형, 습지로 나눌 수 있다.

흙놀이 공간은 유아들의 창의력 발달, 정서함양, 소근육 발달 등에 도움을 줄 수 있는 곳으로 유아들이 매우 좋아하는 공간 중 하나이다. 그러나 애완견 및 조류 분비물 등으로 흙놀이터의 오염이 발생할 수 있기 때문에 미사용 시에는 비닐 등으로 덮어서 관리할 필요가 있다.

밧줄을 활용한 공간은 밧줄을 이용하여 그물망, 오르내리기, 나무타기, 매달리

기, 해먹이나 그네, 밧줄건너기 등의 활동을 할 수 있는 곳이다. 밧줄을 활용하기 때문에 안전사고가 발생하지 않도록 주의해야 한다.

체험 · 관찰 · 창의 놀이 공간에는 유아들 전체가 모일 수 있는 모임공간, 균형시설(징검다리, 통나무 등을 활용한 균형 잡기 시설), 나무시소, 인디언집, 나무악기(나무를 활용한 실로폰, 난타용 북 등) 등이 있다.

다음은 부천시 성주산 둥지 유아숲체험원의 야외체험학습장 사진이다.

▲ 물웅덩이

▲ 로프매달리기

▲ 인디언 하우스

▲ 균형시설(나무평균대)

▲ 새집형 모임시설

▲ 통나무 건너기

대피시설의 경우 목재구조 간이시설이나 임시시설로 훼손이 최소화된 시설로 조성되어야 하며 가급적 100m² 이하로 설치할 것을 권장한다. 유사시에는 대피시설로 활용되지만 평소에는 유아숲지도사를 위한 휴식이나 교재 · 교구 준비 및 보관을 위한 곳으로도 활용될 수 있다.

▲ 대피시설

유아숲체험원 내에 절개지, 급경사지, 수심이 깊은 계곡 등 위험지역이 있는 경우 목재 등 자연친화적인 소재를 활용하여 안전시설을 설치해야 한다. 그러나 자유로운 숲놀이를 위해 유아들의 활동을 제한할 수 있는 과한 울타리 설치는 지양하고 있다. 이 외에도 안전성 강화를 위해 필요한 경우에는 사방 구조물을 설치할

▲ 나무 울타리

▲ 나무 울타리

▲ 휴게시설

▲ 화장실

수 있으며 수목식재를 통해서도 접근을 차단할 수 있다.

휴게시설과 화장실은 유아숲체험원 입지 특성에 맞게 설치해야 한다. 휴게시설의 경우 폐목재를 활용한 의자, 탁자 등을 설치하여 숲놀이 중 유아들이 편안하게 쉴 수 있도록 해야 한다. 이를 위해 통나무의자, 정자, 나무 평상 등을 활용할 수 있다.

화장실의 경우 화장실용 건물, 간이 화장실 등을 설치할 수 있으며 주변에 화장실이 설치된 경우에는 최대한 기존의 시설을 활용한다.

(3) 운영 프로그램 및 교구 등

유아숲체험원의 운영 프로그램 및 교구 등 (산림교육법 시행령 별표3)

가. 계절에 따라 운영할 수 있는 체험프로그램이 있어야 한다.
나. 프로그램 운영을 위한 다양한 교구가 적정하게 준비되어 있어야 한다.
다. 응급조치를 위한 비상약품 및 간이 의료기구와 소화기 등 비상재해 대비 기구 등을 갖추어야 한다.

유아숲체험원을 운영하기 위해 유아숲지도사는 사전에 월별 · 계절별 프로그램을 계획하고 지도안(교안)을 준비해야 한다. 월별 대표 프로그램을 사전에 3~4개 선정하여 운영하면 시기에 맞는 체험 프로그램 진행이 가능하다. 유아교육기관에서 유아숲체험원을 방문할 경우 평균 2시간 정도 참여하기 때문에 주요 프로그램 운영시간은 2시간을 기준으로 계획한다. 또한 사전에 프로그램을 계획할 경우 예상치 못한 상황에 대비할 수 있도록 대체 프로그램을 계획하거나 또는 3~5시간 운영이 가능한 프로그램에 대한 계획도 세우도록 한다. 이와 같이 유아숲지도사가 사전에 프로그램과 지도안을 준비하지만 실제 운영을 함에 있어서 주입식, 비자율적인 운영을 의미하지는 않는다. 따라서 유아숲지도사는 유아들이 주제에 대해 관심을 갖고 적극적으로 참여하며 자유롭게 놀이하거나 활동할 수 있도록 지도하는 것이 필요하다.

다음은 실제 유아숲체험원에서 진행할 수 있는 계절별, 연간 프로그램의 예시이다.

[표 2-2] **계절별 유아숲체험원 프로그램 예시**

계절	활동 예시
봄	봄 새순 관찰하기, 봄나물 캐기, 민들레 홀씨 날리기, 봄의 소리 듣고 표현하기, 풀피리 불기, 곤충처럼 걸어보기, 진달래 화전 만들기, 봄볕 느끼기, 도롱뇽 및 개구리 알 관찰, 들꽃 말리기
여름	토끼풀 꽃반지 및 목걸이 만들기, 곤충 관찰하기, 야생화 관찰, 나무 집짓기, 자연물감으로 그림 그리기, 나뭇잎 잎맥 관찰하기, 탁본뜨기, 꽃목걸이 및 반지 만들기, 만다라 만들기, 씨앗 찾기
가을	벌레 울음소리 듣기, 촉감으로 열매 구분하기, 낙엽 밟기, 가을 곤충 관찰(메뚜기, 잠자리 등) 도토리 팽이 만들기, 자연물로 동물 꾸미기, 자연에서 다양한 색깔 찾기, 낙엽을 하늘로 던지는 낙엽비 놀이, 돌멩이 탑쌓기
겨울	나뭇가지 자치기, 눈썰매타기, 눈싸움, 겨울 동물 먹이 주기, 겨울산행, 나뭇가지 투호놀이, 얼음땡놀이, 자연물 분류하기, 눈 위에 그림 그리기, 자연물 얼음 모빌 만들기, 달팽이집 놀이, 얼음에 색깔 칠하기, 나뭇가지 높이 쌓기, 이글루 만들기

출처: 산림청(2014). 유아숲체험원 조성 · 운영 매뉴얼. p. 39.

[표 2-3] **연간 유아숲체험원 프로그램 예시**

월	주제	내용	준비물
3	만남	• 선생님과의 만남 • 숲과 인사나누기 • 나뭇잎 새눈 관찰 • 우리집에 왜 왔니?놀이	• 루페 • 청진기
4	화전 만들기	• 봄꽃의 향연 즐기기 • 화전 만들기 • 탐방로 돌아보기	• 진달래 • 식용꽃 • 크래커 • 잼, 연유
5	푸른숲 재롱잔치	• 고지를 향하여 달려라! • 지구를 굴려라 • 2인3각 • 과녁 맞추기 • 줄다리기 • 이어달리기 • 보물을 찾아라	• 바톤 2개 • 짐볼 2개 • 줄다리기줄 • 창 10개

월	주제	내용	준비물
6	나만의 손수건 만들기	• 여러 가지 잎 모으기 • 모은 잎을 형태에 따라 나눠보기 • 좋아하는 잎을 이용하여 나만의 손수건 만들기	• 손수건 • 고무망치 • 꽃과 잎
7	냇물아 흘러흘러 어디로 가니	• 배를 만들어 소원 실어보내기 • 수서생물을 채집하여 관찰하고 놓아주기	• 소나무 껍질 • 조릿대 잎 • 돋보기
8	돌아라 물방아야	• 물레방아 만들어 놀기 • 곤충의 눈으로 사물 보기	• 곤충의 눈 • 오이 • 책받침
9	숲속에서 놀아보자	• 호랑나비 한살이 관찰 • 지렁이 사육상자 • 누가누가 많이 넣나?	• 채집통 • 물뿌리개
10	식물표본 만들기	• 동물들의 겨울 양식 숨기기 • 보물찾기 • 단풍잎 줍기	• 도화지 • 모종삽
11	씨앗과 열매의 여행	• 각종 씨앗과 열매 주워오기 • 열매의 형태에 따라 번식하는 방법이 어떻게 다른지 알아보기	• 루페 • 열매, 씨앗

출처: 북부지방 산림청(2019). http://www.forest.go.kr

유아숲체험원은 위와 같이 계절 또는 연간에 맞춰 계획한 프로그램에 따라 하루 2시간의 정도의 지도안을 계획하게 된다. 다음은 '잠자리' 주제에 따라 진행할 수 있는 지도안의 예시이다.

[표 2-4] **'잠자리' 지도안 예시**

활동명	잠자리에 대해 알아봐요.
교육시기	가을
시간	120분
준비물	『멋진 사냥꾼 잠자리』(안은영, 길벗어린이), 뜰채, 그릇, 관찰통, 잠자리 구조 사진 자료, 잠자리 먹이 및 천적 그림 카드, 자연물로 만든 잠자리, 주머니, 왕잠자리와 물잠자리 그림 카드, 새 그림 카드, 팀별 머리띠, 놀이 보자기

활동명	잠자리에 대해 알아봐요.
목표	• 잠자리의 한살이와 구조, 먹이 및 천적에 대해 안다. • 잠자리 관찰 및 놀이를 통해 잠자리에 대한 친밀감을 느낄 수 있다. • 잠자리의 생태를 이해하고 표현해 보는 활동을 통해 잠자리를 보호하는 마음을 갖는다.
시간별 프로그램 내용	• 도입(인사하기 및 유아 건강 상태 확인, 안전을 위한 약속 정하기, 몸풀기 체조)(10분) • 생태 동화책 읽기 및 잠자리에 대한 이야기 나누기(10분) • 잠자리 수채 및 잠자리 관찰하기(20분) • '잠자리 꽁꽁' 술래잡기(20분) • 잠자리 애벌레 도와주기(30분) • 자연물을 활용한 잠자리 만들기(20분) • 마무리(유아의 건강 및 기분 확인, 화장실 다녀오기, 오늘 활동 소감 나누기, 다음 수업 안내, 마무리 인사)(10분)
진행 내용	〈도입〉 (10분) 1. 인사하기 및 유아 건강 상태 확인(3분) ① 유아들과 인사를 나눈다. ② 오늘 활동을 진행하기 위해 아픈 유아는 없는지 물어본다. ③ 유아들의 기분과 숲체험원에 오면서 어떤 느낌이 들었는지 물어본다. 2. 안전을 위한 약속 정하기(4분) ① 유아들과 오늘 활동을 진행하기 위해 지켜야 할 약속에 대해 이야기를 나눈다. 3. 몸풀기 체조(4분) ① 유아들과 체조를 진행한다. 〈전개〉 (100분) 1. 생태 동화책 읽기 및 잠자리에 대한 이야기 나누기(10분) ① 오늘의 활동 주제를 수수께끼 문제를 통해 알아본다. ② 유아들에게 '잠자리를 본 경험이 있나요?'라고 질문하며 잠자리와 관련된 경험을 회상하고 이야기를 나눈다. ③ 『멋진 사냥꾼 잠자리』(안은영, 길벗어린이) 생태 동화를 읽는다. ④ 유아들과 생태 동화책을 읽은 후 책 속에 어떤 잠자리들이 나왔으며, 잠자리가 어떻게 성장해 가는지, 잠자리는 무엇을 먹고 사는지, 책을 통해 새롭게 알게 된 내용은 무엇인지 등에 대해 이야기를 나눈다. ⑤ 체험원에서 쉽게 볼 수 있는 왕잠자리와 물잠자리 구조에 대해 사진 자료를 활용하여 이야기를 나눈다.

활동명	잠자리에 대해 알아봐요.

진행 내용

2. 잠자리 수채 및 잠자리 관찰하기(20분)

① 유아들과 안전하게 생태연못으로 이동하여 교사가 뜰채를 이용해서 잠자리 수채를 그릇에 담는다.

② 잠자리 수채의 모양에 대해 관찰하고 수채의 색깔, 몸의 구조 등에 대해 이야기를 나눈다.

③ 잠자리 관찰을 위해 교사가 잠자리를 잡아서 수집통에 넣어서 유아들에게 제공한다.

④ 잠자리를 관찰하며 다리가 몇 개인지, 날개는 몇 장인지 등에 대해 질문하며 잠자리의 특징을 관찰하고 이야기를 나눈다.

⑤ 잠자리 수채와 잠자리를 비교 관찰하며 어떤 점이 같고 다른지를 질문하며 이야기를 나눈다.

3. '잠자리 꽁꽁' 술래잡기(20분)

① 유아들과 전래동요 '잠자리 꽁꽁' 노래를 불러본다.

잠자리 꽁꽁

국립국악원 편보
전래 동요

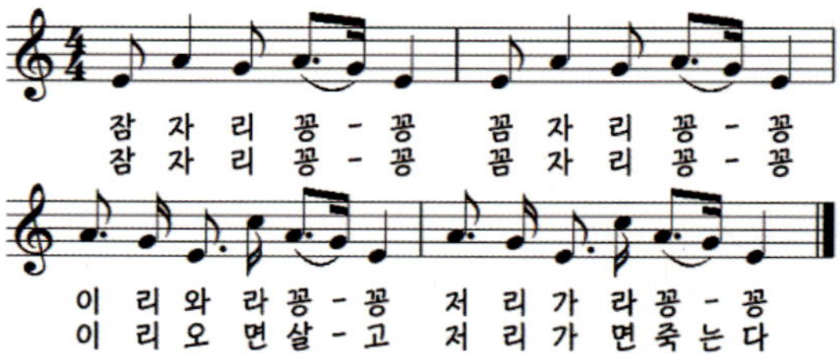

② 간단한 동작을 만들어서 유아들이 노래를 익힐 때까지 불러본다.

③ 유아들이 두 명씩 짝을 지어서 가위바위보를 하고 이긴 유아는 잠자리, 진 유아는 술래가 된다.

④ 잠자리 역할을 하는 유아는 1절 '잠자리 꽁꽁', '이리와라 꽁꽁', 2절 '잠자리 꽁꽁', '이리오면 살고' 부분에서만 움직이다 멈춘다.

⑤ 술래 역할을 하는 유아는 1절 '꼼자리 꽁꽁', '저리가라 꽁꽁', 2절 '꼼자리 꽁꽁', '저리가면 죽는다' 부분에서 움직이는 잠자리가 있는지 찾아낸다.

⑥ 술래에게 잡힌 잠자리는 술래와 역할을 바꿔서 진행한다.

⑦ 위와 같은 놀이 방법에 익숙해지면 잠자리 역할 유아가 마지막 '저리가면 죽는다' 부분에 나무에 가서 나무를 안고 멈춘다. 술래들이 잠자리에게 가서 간지럼을 태워서 떨어지는 잠자리는 술래가 된다.

<table>
<tr><th>활동명</th><th>잠자리에 대해 알아봐요.</th></tr>
<tr><td>진행
내용</td><td>
4. 잠자리 애벌레 도와주기(30분)
① 엄마 잠자리가 등장해서 잠자리 애벌레에게 잠자리의 먹이와 잠자리가 피해 다녀야 할 천적에 대해 알려달라고 부탁을 한다.
② 유아들과 잠자리의 먹이와 천적에는 어떤 것들이 있는지 간단하게 이야기를 나누고 놀이 방법을 소개한다. 이때 중요한 건 빨리 돌아오는 게 중요한 게 아니라 우리 모두가 힘을 합쳐서 잠자리 애벌레를 도와주는 것이 중요하다고 이야기를 나눈다.
③ 유아들이 주머니에서 카드를 뽑아서 왕잠자리와 물잠자리 팀으로 나눈다.
④ 유아가 출발선에 출발하여 반대편으로 가서 뒤집어 있는 잠자리 먹이와 천적 카드 중 하나를 가지고 온다. 유아가 이동할 때 교사가 잠자리의 천적 중 새 사진 카드를 줄에 연결하여 흔들고 있는 것을 피해 이동한다.
⑤ 유아가 가지고 온 카드가 잠자리의 먹이일 경우 먹이 카드를 놓는 곳에 천적 카드일 경우에는 천적 카드를 놓는 곳에 내려놓는다.
⑥ 다음 차례 유아에게 머리띠를 넘겨준다.
⑦ 활동을 끝낸 후 유아들이 잠자리 먹이와 천적 카드를 잘 분류했는지 확인한다.
⑧ 다시 한 번 엄마 잠자리가 등장해서 유아들에게 고맙다고 인사한 후 활동을 마무리한다.

5. 자연물을 활용한 잠자리 만들기(20분)
① 유아들과 오늘 직접 관찰하고 알아본 잠자리 종류와 잠자리 만드는 방법에 대해 이야기를 나눈다.
② 유아들이 자유롭게 주변의 자연물을 찾아올 수 있도록 한다.
③ 놀이 보자기 위에 유아들이 가지고 온 자연물로 자유롭게 잠자리를 만들고 주변을 꾸며준다.
④ 유아들과 함께 완성된 잠자리를 감상하며 다른 친구들은 어떠한 방법으로 잠자리를 만들었는지 이야기를 나눈다.
⑤ 유아들이 가지고 온 자연물을 다시 자연으로 돌려보내며 활동을 마무리한다.

〈마무리〉 (10분)
1. 유아의 건강 및 기분 확인, 화장실 다녀오기(5분)
① 화장실에 다녀오고 싶은 유아가 있을 경우 교사와 화장실에 다녀오도록 한다.
② 오늘 활동을 하며 다친 유아가 없는지 유아들의 기분은 어떤지 유아들에게 물어본다.

2. 오늘 활동 소감 나누기(4분)
① 유아들에게 '오늘 우리가 어떤 주제에 대해서 알아보았나요? 어떤 활동이 가장 즐거웠나요? 힘들었던 점은 없었나요?' 질문하고 유아들의 의견을 들어본다.
② 오늘 활동을 하며 새롭게 알게 된 점과 더 궁금한 점은 없는지에 대해서도 함께 이야기를 나눈다.

3. 다음 수업 안내, 마무리 인사(1분)
① 유아들에게 다음 시간에는 도토리에 대해 알아볼 예정이라고 안내한다.
② 오늘 약속을 잘 지켜 활동을 진행한 유아들을 칭찬하고 다음에 또 만나자고 인사를 한다.
</td></tr>
</table>

유아숲체험원에서 위와 같은 프로그램을 운영하는 유아숲지도사는 프로그램을 운영할 때 필요한 교구를 사전에 파악하고 유아들과 활동에 지장이 없도록 준비해야 한다. 이 외에도 응급상황을 대비한 비상약품을 항상 준비하고 있어야 하며 비상재해 대비 기구를 갖추고 사전에 이상이 없는지 정기적으로 점검해야 한다.

3) 유아숲체험원 운영방법

유아숲체험원은 운영방법에 따라 체험형, 정기형, 매일형으로 구분될 수 있으나 대부분은 정기형으로 운영되고 있다. 유아숲체험원 교육 유형에 따라 운영방법을 분류하면 다음과 같다.

[표 2-5] **유아숲체험원 교육 유형에 따른 운영방법**

구분	체험형	정기형	매일형	비고
교육 목표	우수한 산림자원을 활용한 야외 체험	정기적 숲체험으로 심신 건강 유지	자율적 놀이를 통한 주체성, 창의성 등 함양	
담당 교사	이용기관 교사, 숲 해설가 등 산림에 대한 사전교육 이수자	이용기관 교사, 숲 해설가 등 산림에 대한 사전교육 이수자	유아숲지도사	유아숲체험원에는 유아숲지도사 배치 필수
교육 대상	유아교육기관, 관련 교육기관	유아교육기관, 관련 교육기관	유아교육기관 숲반, 탈 학교 유아	탈 학교 유아의 경우 학부모 동반 필요
교육 내용	체험 놀이 위주로 기존 숲 해설 교육도 가능	연간 교육계획에 따른 교육내용이 요구됨	일간, 주간, 월간, 연간 등 계획적인 교육과정과 함께 유아교육 내용 포함	체험형과 정기형은 이용기관과 사전 협의
기타	시간 선택의 자유로움 있음	주간, 계절별 활동 내용 확보가 요구됨	시간적, 공간적 교육 내용 담보를 위해 배타적 활용 공간 확보 필요	

출처: 산림청(2013). 유아숲체험원 수요특성 분석 및 조성 운영 매뉴얼. p. 79

체험형은 유아교육기관과 유아숲체험원이 업무협약을 체결하고 1년 동안 매주 주 1회 숲체험원을 방문하게 된다. 유아들이 숲체험원에 방문하게 될 경우 유아숲지도사가 아닌 담임교사가 숲체험 활동을 진행하게 된다. 따라서 유아교육기관만의 특색 있는 숲체험 활동을 진행할 수 있는 것과 시간을 자유롭게 활용하는 장점이 있지만 실제 체험형을 이용하는 유아교육기관은 많지 않다. 유아를 대상으로 숲체험 활동을 진행하기 위해서는 숲에 대한 전문적인 지식이 어느 정도 필요한데 담임교사가 활동을 준비하는 데 어려움이 따르기 때문이다.

정기형은 유아교육기관과 유아숲체험원이 업무협약을 체결하여 1년 동안 매주 1회 또는 그 이상 유아숲체험원을 방문하여 유아숲지도사와 숲체험 활동을 진행하게 된다. 현재 국내 유아교육기관에서 가장 많이 볼 수 있는 유형이라고 할 수 있으며 보통 주 1회 방문하는 것이 보편적인 형태라고 할 수 있다(신지연 외, 2019). 유아를 대상으로 숲체험 활동을 진행하는 주체가 담임교사가 아닌 유아숲지도사라는 큰 차이점이 있으며 담임교사는 보조역할을 하게 된다. 또한 유아숲체험원 교육은 「산림교육법」에 따라 수업이 진행되며 별도의 숲체험 프로그램이 미리 계획되어 있다. 유아들이 담임교사와 함께 정해진 요일과 시간에 유아숲체험원에 도착하면 유아숲지도사가 2시간 정도의 수업을 진행하게 되며 수업을 마치면 다시 유아교육기관으로 돌아간다.

매일형은 유아숲체험원이나 숲으로 매일 등원하여 숲활동을 진행하는 것을 말하며 숲유치원이라고 할 수 있다. 즉, 계절이나 날씨와 관계없이 매일 주 5회, 하루 4시간에서 6시간 정도 숲에서 다양한 활동을 진행하게 된다. 유아들이 매일 숲으로 등원하여 놀이를 진행하고 하루 일과를 보낸 뒤 하원하는 형태로 운영된다. 매일형의 경우 매일 숲활동을 진행할 수 있는 공간을 확보하는 것이 무엇보다 중요하다. 따라서 이러한 공간 확보, 급 · 간식 운영의 어려움 등으로 실제 운영되는 곳은 많지 않다(한유정, 2020).

지금까지 살펴본 바와 같이 유아숲체험원은 체험형, 정기형, 매일형으로 운영되지만 유아숲체험원에 따라 다양한 형태의 방법으로 진행될 수 있다. 예로 대전의

'국립대전숲체원 아이좋아 유아숲체험원' 같은 경우는 일주일에 하루, 15주 연속 참여하는 정기형 프로그램을 운영하는데 일일 2시간이 아닌 오전 10시부터 오후 4시까지 운영되기도 한다.

시간	활동명	세부활동 내용
10:00 ~ 10:20	안전교육	숲교실에 앉아서 안전교육을 듣는다.
10:20 ~ 10:40	숲 탐색하기	일주일 동안 변한 숲을 관찰하고 친구들과 이야기한다.
10:40 ~ 12:00	선생님과 뛰어놀기	숲에서 주제별 숲놀이 활동을 한다.
12:00 ~ 13:00	점심시간	맛있는 점심식사를 한다. (국립대전숲체원 내 식당에서 식사)
13:00 ~ 14:00	휴식시간	편안하게 휴식을 취한다.
14:00 ~ 15:00	친구랑 뛰어놀기	숲놀이 확장활동으로 그림그리기, 동화책 읽기 등을 한다.
15:00 ~ 15:20	간식시간	오후 간식을 먹는다.
15:20 ~ 15:50	맘껏 뛰어놀기	자유놀이 활동을 한다.
15:50 ~ 16:00	숲교실 청소하기	숲교실을 단정하게 정리한다.

출처: 국립대전숲체원(2021). 국립대전숲체원 종일형 유아숲교육 프로그램 「아이좋아, 숲!」.

4) 유아숲지도사

「산림교육의 활성화에 관한 법률」(약칭: 산림교육법)에서 '산림교육'이란 산림의 다양한 기능을 체계적으로 체험 · 탐방 · 학습함으로써 산림의 중요성을 이해하고 산림에 대한 지식을 습득하며 올바른 가치관을 가지도록 하는 교육으로 정의하고 있다. 또한 동법에서 산림교육전문가(산림교육전문가 양성기관에서 산림교육 전문과정을 이수한 사람)를 숲해설가, 유아숲지도사, 숲길등산지도사로 지정하고 있다.

이 중 유아숲지도사란 유아(「유아교육법」 제2조제1호의 유아를 말한다.)가 산림교육을 통하여 정서를 함양하고 전인적(全人的) 성장을 할 수 있도록 지도 · 교육하는 사람을 의미한다. 따라서 유아숲지도사는 유아숲체험원에 배치되어 유아들의 정서 함양과 전인적 성장을 할 수 있도록 지도하고 교육을 하게 된다. 즉, 숲 생태에 대한 지식뿐 아니라 유아에 대한 정서를 이해하고 유아교육에 대한 전문성과 경험을 겸비하여 유아들이 숲에서 유일하게 신뢰할 수 있는 사람으로 교육, 놀이, 상담, 보호, 치유 등 다양한 역할을 수행해야 한다(산림청b, 2021). 유아숲체험원의 운영인력 기준은 다음과 같다.

유아숲체험원의 운영인력

(산림교육법 시행령 별표3)

가. 유아숲체험원의 효율적 운영을 위해 다음의 구분에 따른 인원의 유아숲지도사를 상시 배치하여야 한다.
  1) 유아의 상시 참여인원이 25명 이하인 경우: 유아숲지도사 1명
  2) 유아의 상시 참여인원이 26명 이상 50명 이하인 경우: 유아숲지도사 2명
  3) 유아의 상시 참여인원이 51명 이상인 경우: 유아숲지도사 3명

나. 유아의 안전을 위한 유아숲지도사 외에 보조교사가 선정 · 배치되어 있어야 한다.

법적 기준으로 유아 25명당 유아숲지도사를 1명 고용하도록 되어 있으나 운용상 어려움(휴가 사용 등)이 발생할 수 있으므로 최소 2명 이상 고용할 것을 권장하고 있다.

상시 참여인원은 회당 참여하는 최대 참여 인원수를 의미한다. 예를 들어 1일 2회(오전반 20명, 오후반 30명)를 운영한다고 가정할 경우, 회당 가장 많은 인원인 30명을 상시 참여인원으로 간주한다. 보조교사는 특정한 자격 제한이 없으며 유아들의 안전한 활동을 도와줄 수 있는 사람으로 유아교육기관의 인솔교사, 학부모, 유아숲체험원 운영자가 고용한 보조교사 등으로 대체할 수도 있다. 이 외에도 유아숲지도사 자격취득을 위하여 양성기관의 수업 이수와 함께 30시간 이상의 교육 실습 활동이 필요한데 교육실습자를 보조인력으로도 활용할 수 있다(산림청, 2014).

산림교육 전문과정의 구성

(산림교육법 시행령 별표1)

가. 산림교육 전문과정은 공통과정과 분야별과정(숲해설가, 유아숲지도사, 숲길등산지도사)으로 구성한다.

나. 숲해설가, 유아숲지도사, 숲길등산지도사 자격을 취득한 사람이 다른 종류의 산림교육 전문가 자격을 취득하기 위하여 산림교육 전문과정을 이수하려는 경우에는 공통과정의 이수를 면제할 수 있다.

다. 공통과정

1) 공통과정의 교육시간은 36시간 이상이어야 한다.

2) 공통과정의 내용

구분	교육과목	교육내용	교육시간		
			합계	강의	실습
			36	24	12
산림교육론 (12시간 이상)	산림교육의 이해	숲해설, 유아숲교육, 숲길등산 등 산림교육의 종류, 산림치유개론, 관련 법령 · 제도 · 정책	3	3	
	나무 · 숲 · 임업	숲의 개념, 산림의 조성 · 경영 · 이용, 산림의 보호, 숲과 기후 변화	3	3	
	숲해설개론	숲해설의 개념, 숲해설 기법	3	3	
	산림휴양 · 문화	산림휴양 · 문화의 개념 · 기능 · 활용	3	3	
산림생태계 (21시간 이상)	산림생태학	산림생태계의 구조 · 특징, 숲의 발달	3	3	
	식물의 이해	식물의 명명 · 분류, 식물의 특성 및 관찰실습	18	6	12
기본 소양 (3시간 이상)	리더십과 인성	산림교육전문가로서의 리더십과 인성	3	3	

라. 분야별 과정

1) 유아숲지도사 과정

가) 유아숲지도사 과정의 교육시간은 169시간 이상이어야 한다.

구분	교육과목	교육내용	교육시간		
			합계	강의	실습
			169	75	94
산림 생태계 (21시간 이상)	야생동물의 이해 (조류 · 포유류)	조류 · 포유류의 종류 · 특성, 도감 활용법	10	4	6
	곤충의 이해	곤충의 종류 · 특성, 도감 활용법	6	2	4
	산림토양학	산림토양의 구조와 환경	5	2	3
커뮤니케이션 (13시간 이상)	커뮤니케이션 기법	대상별 의사소통 기법, 스피치요령 강의 및 실습	6	3	3
	멀티미디어 활용법	유아숲활동 기록법, 동영상 제작 및 활용법	7	3	4
유아교육 (22시간 이상)	유아교육개론	유아교육 및 보육의 이해, 유아교육의 역사 및 동향	6	6	
	유아발달론	태아 · 영아 발달이론, 유아발달이론	8	8	
	숲유치원과 특수아동지도	특수교육의 이해 · 지도, 숲에서의 재활 · 치유 사례	8	6	2
유아숲생태 교육 및 프로그램 개발 (63시간 이상)	유아숲생태교육 개론	유아숲 교육의 이해, 유아숲체험원의 이해와 필요성, 유아숲지도사 교육과정의 이해	10	6	4
	유아숲체험원 운영 · 관리	유아숲체험원의 조성, 유아숲체험원의 운영 · 관리, 관련 법령의 이해	5	2	3
	숲유치원 운영 사례	국내외 우수 사례, 연령별, 장소별 운영 사례	3	3	
	숲교실 만들기	숲교실의 규율, 숲교실 운영의 주의 사항	3	3	

구분	교육과목	교육내용	교육시간		
			합계	강의	실습
			169	75	94
유아숲생태 교육 및 프로그램 개발 (63시간 이상)	유아숲생활 지도	유아 생활습관의 이해, 숲에서의 유아 생활의 이해 · 지도	6	4	2
	유아숲지도사론	유아숲지도사의 소양 및 자질, 유아숲 지도사의 역할 및 업무	6	4	2
	유아숲생태교육 프로그램 개발	유아숲생태교육 프로그램 기획, 개발 절차 및 실습	10	4	6
	유아숲생태교육 프로그램 운영 및 실습	유아숲생태교육 프로그램 운영(생태 그림책, 생태과학, 생태미술, 동식물 교감, 명상, 자연건강 등), 유아숲놀이 지도(자연물을 활용한 유아숲놀이, 연령별 · 계절별 · 장소별 숲놀이)	20	5	15
안전교육 및 안전관리 (20시간 이상)	응급처치	응급처치 및 심폐소생술 실습, 자동제세동기 활용법	12	4	8
	야외활동 지도	야외활동 특성, 교육시설 및 위험요소 모니터링	4	2	2
	아동안전관리	유아 자연생활 건강의 이해, 유아 건강생활과 안전교육	4	4	
교육실습 (30시간 이상)	국가 · 지방자치단체 및 산림교육을 목적으로 설립된 법인 · 단체 등에서 30시간 이상 보조교사 등으로 활동		30		30

나) 유아숲지도사 과정은 유아숲체험원 등에서 유아숲생태 체험활동을 지도하는 산림교육전문가를 양성하는 교육과정으로서, 산림교육전문가 양성기관으로 지정을 받으려는 자의 실정에 따라 필요한 내용을 유아숲지도사 과정에 추가할 수 있다.

[사진 2-1] 유아숲체험원에서 유아숲지도사와 활동하는 유아들

유아숲체험원 관련 연구논문들을 통해 실제 유아숲체험원 이용 현황에 대해 알아보고자 한다.

1. 서은경 (2017). 유아교사의 인식을 통한 유아숲체험원 교육의 개선 방안 연구. 공주대학교 대학원 석사학위 논문.

유치원과 어린이집에 근무하는 유아교사 245명을 대상으로 설문조사를 실시한 연 결과는 다음과 같다.

- 유아숲체험원에서 실시하는 '정기형'에 가장 많이 참여하는 것으로 나타났다.
- 유아숲체험원의 교육에서 유아교사들은 '자연지식, 생태교육'을 가장 중요한 유아숲체험원의 교육으로 인식하고 있다.
- 유아교사들은 유아숲체험원의 교육내용이 유아의 흥미와 발달 특성에 적절하다

고 인식하고 있으며, 수업자료는 유아들이 교육내용을 이해하는 데 도움을 준다고 하였다. 구체적으로 유아숲체험원에서는 실제 자연물을 이용하여 유아들이 직접 오감을 이용한 활동을 진행한다고 하였다.

2. 한유정 (2020). 유아 숲 체험원에 대한 교사의 인식 및 개선방안. 중앙대학교 교육대학원 석사학위 논문.

연구 참여자는 유아교육기관에서 2년부터 16년까지의 경력을 가지고 있으며 유아숲체험원을 정기형으로 이용해 본 경험이 있는 교사 9명이다.

연구에 참여한 교사들은 숲체험 활동이 매우 필요하다고 인식하는 것으로 나타났다.

다음은 연구에 참여한 교사들의 인터뷰 내용이다.

“숲체험 활동은 필요해요. 유아들이 숲에서 자기가 생각하는 것들을 자연스럽게 배울 수 있는 것이 많고 정서적으로 안정감을 줘요. 숲체험 활동은 담임이 유아들과 함께 뛰어 노는 거예요.”

“숲체험 활동은 필요해요. 인위적이지 않고 자연변화를 느끼면 좋아요. 숲체험 활동은 자연 친화에요. 자기표현이고요. 유아들이 뛰어노는 거예요.”

“저 또한 아이들처럼 재미있었어요. 다양한 거를 볼 수 있고, 제공 받을 수 있고 아.. 이렇게 조금 아이들에게 숲에 대해 더 이렇게 설명할 수 있겠구나... 라고 저 또한 배웠거든요? 숲 교사를 통해서 그래서 아이들의 반응도 처음에는 조금 무서워하다가 나중에는 조금 더 용기를 갖고 벌레도 친근하게 생각하고 자연에 등산 같은 것도 했었는데 그런 부분도 처음에 비해서 조금 수월하게 점점 단련된 모습을 보여주더라고요.”

또한 교사들은 유아숲지도사가 유아를 대상으로 숲교육을 실시하는 것이 적합하다고 이야기하였다.

“유아숲지도사요. 우선은 기본적으로 어.. 제가 배웠던 자연과 좀 전문지식을 가진 그 눈으로 보는 자연과는 그 폭이 조금 다를 그거로 생각하기 때문에 그래도 어느 정도 숲에 대한 전문적인 지식을 가지고 있어야 아이들에게도 더 넓은 시야로 이렇게 설명해줄 수 있지 않을까 싶어서 그렇게 생각하고 있어요.”

“유아숲지도사요. 지금 숲 선생님이 연세가 좀 있으시거든요. 그런데 자연에 대한 정보 같은 것은 젊은 사람들이 너무 많이 찾을 수도 있는데 경험에서 우러난 설명들을 굉장히 많이 해주세요. 어렸을 때 당신이 경험했던 거? 이런 것들을 많이 접목해서 말씀해주시고 하는데, 자연에 관한 생각이나 경험이 풍부한 선생님이 좋은 숲 선생님이라 생각돼요.”

유아숲체험원에서 이루어지는 수업에 대해서는 대부분 만족하고 있으며 자유놀이보다는 담임교사가 전달해주지 못하는 전문적인 숲교육을 원하는 것으로 나타났다.

“저는 자유놀이하는 것도 좋지만 자유놀이는 부모님하고도 할 수 있고 선생님하고도 할 수 있지만, 숲지도사 선생님들은 그에 대해 전문적이기 때문에 전문적인 교육을 단 5분이라도 더 받는 게 좋다고 생각합니다. 저는 반반 섞었으면 좋겠어요. 수업이 많은 게 좋아요.”

“저는 놀이보다는 수업시간이 좀 비등하게 맞았으면 좋겠는데.. 왜냐면 저희가 일반적인 교사들이 지식으로 알려줄 수 있는 것과 없는 것에 한계가 있듯이 좀 이런 데 왔으면 선생님들한테 잘 듣고 배우잖아요. 저는 이런 시간이 유용하다고 생각하거든요.”

이 외에도 교사들은 유아숲체험원에서 이루어지는 자유놀이를 통해 유아들의 긍정적인 변화와 발전을 볼 수 있다고 하였다. 유아숲체험원에서 이루어지는 수업이 교실과 연계되는지에 대해서 교사들은 대부분 숲에서 활동을 회상하는 정도의 활동만 진행하는 것으로 나타났다. 이러한 결과를 통해 유아교육기관의 교사들도 유아숲교육에 대해 더욱 관심을 가지고 유아교육기관과 유아숲체험원에서의 활동이 연계될 수 있는 방안에 대해 모색해 보는 태도가 필요하다는 것을 볼 수 있다.

2. 숲유치원

일반적으로 '유치원'은 유아가 다니는 교육기관으로 유아들이 지내기에 적합한 환경이 구비된 건물을 떠올리게 된다. 그에 반해 '숲유치원'은 숲이라는 공간에서 유아들이 지내는 것을 떠올리게 되는데 본 장에서는 숲유치원의 정확한 개념과 다양한 국내 · 외 숲유치원의 사례에 대해 살펴보고자 한다.

1) 숲유치원의 개념

숲유치원의 시작은 덴마크로 1954년 엘라 플라타우(Ella Flatau) 부인이 자녀들과 매일 집 근처 숲으로 가서 놀이 활동을 했는데 이웃주민들이 그들의 자녀들도 숲으로 데리고 가서 교육해주기를 부탁하며 숲유치원이 창립되었다(임재택, 하정연, 신주연, 2016). 이후 노르웨이, 스웨덴, 영국, 독일 등 유럽 지역에 널리 확산되었으며 오늘날은 미국, 캐나다, 일본, 중국 등에서도 숲유치원이 활발하게 운영되고 있다.

우리나라에 '숲유치원'이라는 용어가 본격적으로 알려진 것은 2003년 우리나라에 처음으로 독일의 숲유치원을 소개한 이명환에 의해서이며, 이후 2008년 산림청에서 숲유치원 활성화 방안으로 국내 최초 숲유치원 포럼을 개최하고 전국에 숲유치원을 조성하기 시작하면서부터이다(임재택, 이소영, 김은주, 2012).

숲유치원에 대한 정의는 학자마다 다양하게 정의되고 있는데 이를 요약하고 숲유치원의 개념에 대해 살펴보고자 한다.

[표 2-6] 숲유치원의 개념

학자	정의
Schede(2000)	지붕과 벽이 없는 자연스런 하늘 아래서 유아를 위한 교육이 펼쳐지는 곳이 숲유치원이며 여기서 인간과 자연과의 조화로운 관계를 유아 시기부터 자연스럽게 알게 되고 유아의 신체와 정신을 전인적으로 성장 · 발달시키는 곳
이명환(2007)	지붕도 벽도 없는 자연스런 하늘 아래서 유아를 위한 교육이 펼쳐지는 곳이며 숲으로 등원하고 숲에서 모든 유치원의 교육과정이 진행되고 숲에서 귀가하는 형태
곽노의 등(2010)	문과 벽이 없는 하늘 아래 자연 그대로의 숲속에서 인간과 자연의 조화로운 관계를 자연스럽게 알게 하고, 자연을 통해 유아의 신체와 영혼, 정신이 전인적으로 성장하도록 돕는 자연주의 유아교육기관
임재택(2010)	인류 최초의 학교라고 하였으며 이는 인가된 유치원이나 어린이집과 달리 교실, 교재, 교사도 정해진 것이 없으며 유아들이 숲에서 마음껏 뛰어 놀고 오감을 통해 자연만물과 교감하는 체험 중심의 활동을 진행하며 일정한 시간을 생활하는 곳
신지연 등(2019)	홍익인간 · 생명존중사상을 바탕으로 아이들(영유아)이 숲이나 자연 속에서 모든 계절과 날씨를 지속적으로 즐기며 자연과 교감하고 스스로 자유롭게 놀면서, 몸 · 마음 · 영혼이 행복한 사람(全人) 그리고 생명을 사랑하는 사람(自然人)이 되도록 돕는 교육과 교육기관
(사) 한국숲유치원 협회(2021)	아이들이 숲에서 마음껏 뛰놀면서 사람과 자연, 아이들과 숲이 만나 건강하고 행복하게 생활하는 일련의 교육활동

이와 같은 정의를 통해 숲유치원이란 특별한 건물 없이 숲을 교육장소 삼아 유아들이 자유롭게 뛰놀면서 전인적으로 성장해 나가는 곳이라고 할 수 있다. 시간적인 측면에서 정의해 본다면 아침 등원부터 귀가 전까지 숲에서 생활하는 곳을 숲유치원으로 볼 수 있다.

2) 숲유치원의 국내 · 외 사례

숲유치원의 국내 사례

(1) 솔빛숲유치원(세종시)

솔빛숲유치원은 2019년 3월 세종시 반곡동 괴화산 인근에 개원한 전국 최초의 공립 숲유치원이다. 만 3~5세 혼합반으로 구성된 8개 반 143명, 특수학급 1학급 4명의 유아들이 재원하고 있으며 유아들은 매일 괴화산 숲 교실에서 지내고 있다.

솔빛숲유치원은 매일 숲에서 하루 일과를 운영하는 것을 원칙으로 하나 미세먼지, 황사, 폭우, 폭염, 폭설 등 기상 상태에 따라 실내에서도 교육이 이루어지고 있다. 국가수준 교육과정인 누리과정에 기반해 숲에서 다양한 놀이와 활동이 진행된다. 따라서 유아들은 아침에 등원 후 괴화산에 있는 6개의 숲 교실로 이동한다. 숲으로 이동하는 곳곳에 유아들의 호기심을 자극하는 곤충과 자연물들이 가득하며 유아들이 직접 완성한 숲 놀이터에서 유아들은 자유롭게 놀이하며 자연과 소통해 나가고 있다.

각 학급은 야외 활동이 많은 숲유치원의 특성을 반영하여 학급당 정원은 18명이며 일반적으로 만 3세 4명, 만 4세 6명, 만 5세 8명으로 구성되어 있다. 또한 유아들의 안전을 지도하기 위해 담임교사 1명 외에 보조교사 1명 등 학급당 2명씩 배치되어 유아들을 지도하고 있다. 유치원 교실보다 숲 교실에서 보내는 시간이 더 많기 때문에 담임교사 역시 숲 전문가만큼 숲에 대한 높은 이해와 관심을 바탕으로 유아들을 지도하고 있다. 교사들은 유아를 지도하기 위해 숲 전문가와 사전에 괴화산 역사, 괴화산에 자생하는 동식물 등 자연환경을 모니터링 하는 노력을 통해 숲교육 역량을 키워가고 있다. 또한 주 1회 전 교직원이 함께 숲교육을 진행하는 과정에서 경험하는 고민과 어려움을 나누며 유아들에게 보다 의미 있는 숲교육을 제공하기 위해 노력하고 있다. 이 외에도 유아들의 놀이를 매일 관찰 · 기록하고 유아들의 놀이를 지원해 나가고 있다(교육부, 2019).

봄에는 '숲과 만나기', 여름에는 '숲 탐험하기', 가을에는 '숲 만끽하기', 겨울에는 '숲과 공감하기' 등의 교육이 이루어지며 이를 통해 감성교육, 공감교육, 탐구교육, 창의성교육, 생명존중교육이 실시되고 있다(한오희, 2019).

솔빛숲유치원의 일과운영은 다음과 같다(솔빛숲유치원, 2021).

〈교육과정〉

시 간	교육활동내용	기본방침
~ 09:00	등원 (유아 맞이-기분 및 건강 점검)	하루일과를 위한 등원시간 지키기
~ 11:50	맨발걷기 오전자유간식(유제품) 준비(안전약속) 및 오전 숲놀이 자유놀이	숲/교실 유아가 놀이에 몰입하고 마음껏 자신의 생각을 펼쳐갈 수 있도록 충분한 놀이시간을 허용한다.
~ 13:00	점심식사 및 휴식 교육과정반 하원	

〈방과후과정〉

시 간	교육활동내용	기본방침
~ 14:50	낮잠(만 3세)/ 오후 숲놀이 (앞 · 뒷마당 놀이, 텃밭가꾸기,마을 산책 등)	오후숲놀이를 원칙으로 유치원 주변 환경을 활용한 바깥놀이 등을 융통성 있게 운영
~ 15:30	오후 간식	
~ 15:30	자유놀이, 숲놀이 연계, 개별 귀가	돌봄교실 인계 유아 안전교육 및 지도

(2) 부산대학교 부설 어린이집

부산대학교 부설 어린이집은 1995년 설립된 국공립 보육시설로 만 1세 2학급, 만 2세 2학급, 만 3세와 만 4세, 만 5세 각각 1학급, 유아 혼합(만 3~5세) 1학급 등 총 8학급으로 구성되어 총 83명의 유아들이 재원하고 있다. 부산대학교 부설 어린이집은 다양한 생태유아교육 프로그램을 실천해 오고 있으며 그 중 산책 프로그램을 활발히 진행하고 있다. 구체적으로 영아반은 매일, 유아반은 일주일에 3회 이상 산책을 다니고 있다. 주로 부산대학교 캠퍼스 내에 있는 숲이나 공원, 공터 또는 가까운 금정산 숲 등으로 산책을 나가며 한 달에 한두 번 정도는 점심 도시락을 준비해서 숲에서 도시락을 먹고 돌아오기도 한다. 영유아들은 산책을 통해 자연을 느끼고 다양한 자연물을 활용하여 자유롭게 놀이를 진행하게 된다. 부산대학교 부설 어린이집 홈페이지에 소개된 영아반의 하루 일과는 다음과 같다.

영아반(만 1~2세)

시 간	활동명	활동내용
07:30~ 08:50		실내 자유놀이
08:50~ 10:00	등원 및 자유놀이	교사는 영아의 건강상태를 살피고 소지품 및 연락장을 정리하며 영아는 교실에서 자유놀이를 함
10:00~ 11:30	오전 새참 및 집단 활동 바깥놀이 산책	손을 씻고 새참을 먹은 뒤 자신이 먹은 그릇을 정리 이야기 나누기, 신체 및 표현 활동 등을 대집단 혹은 소집단으로 진행 혹은 산책(부산대학교 계곡 혹은 뒷산)
11:30~ 12:30	점심 및 휴식	손을 씻고 점심식사
12:30~ 13:00	이닦기, 옷벗고 정리, 화장실 가기	영아들의 개별지도에 중점을 둠
13:00~ 15:00	낮잠준비 및 낮잠	다양한 장르의 음악을 들려줌
15:00~ 16:00	정리 및 오후새참	이불 정리하고 새참을 먹음
16:00~ 17:00	실내 · 외 자유놀이	그림책보기, 그림그리기, 퍼즐맞추기, 종이오리기 등의 활동이나 바깥놀이 등 자유롭게 놀이함
17:00~ 19:30	자유귀가	부모님이 오시는 대로 자유귀가함

숲유치원의 국외 사례

(1) 스웨덴 숲유치원

유럽 숲유치원의 근원지인 스웨덴은 숲교육 발전의 모티브가 전 국민의 관심이라고 표현할 정도로 국민의 큰 관심 속에서 숲교육이 발전되었다. 국토의 64%가 산림인 스웨덴에서는 자연의 중요성에 대해 일찍이 인식하고 자연이 신을 대신한다고 할 정도로 자연을 소중하게 생각해 왔다. 특히 1892년부터는 Friluftsliv(삶에 자유로운 공기를 지원한다) 운동이라 불리는 자연친화 운동을 통해 자연의 중요성이 부각되었으며 이 운동을 담당하는 Frilufrämjandet(the National Association for Promotion of Outdoor Life) 기관이 설립되었다(이신영, 2015). 이 기관에서는 'Skogsmulle'이라 불리는 프로그램을 개발하여 보급하였고 그 영향으로 1985년에 최초의 숲유치원인 'I ur och skur(날씨에 상관없이)'가 설립되었다(Robertson, 2008).

스웨덴의 숲유치원은 국가 유아교육과정에 기초하여 운영되며 교육과정에 규정된 교육목적과 목표에 도달하고자 노력한다. 교육내용으로는 Frilufrämjandet에서 제시한 활동과 Skogsmulle 활동 방법들이 통합되어 있다(이신영, 2015). 구체적으로 스키와 스케이트, 여행, 불 피우고 간단히 요리하기, 로프 타고 산비탈이나 언덕 올라가기, 미술작품 만들기, 자연물을 이용한 게임하고 느낌 나누기 등의 활동이 이루어진다.

스웨덴의 숲유치원 교사는 3~4년제 대학에서 유아교사 자격을 취득한 후에 Friluframjandet나 대학에서 주최하는 숲교육 연수를 통해 유아숲교사로서 역량을 키워나간다. 숲유치원의 교사 대 유아의 비율은 국가에서 규정한 1:5 수준으로 운영되고 있다(신지연 외, 2019).

스웨덴 Skogsgrinden 숲유치원의 하루 일과는 다음과 같다(이신영, 2015).

시간	주요 활동
06:30	유치원 문 열기, 유아들의 등원과 실내 자유놀이 시작
08:00	실내에서 아침식사
08:30	하루일과의 시작, 숲복으로 갈아입고 밖으로 나가기, 숲 자유놀이
09:30	이야기 나누기 및 교사와 함께 하는 활동(음률 활동 등)
10:30	숲에서 간식
11:00	숲 자유놀이(흙 미끄럼타기, 목공놀이, 자연물로 놀이하기 등)
12:30	점심 식사
13:00	교사가 읽어주는 동화 듣기, 낮잠
15:30	오후 간식이나 불을 이용한 요리활동
16:00	실내 또는 실외 자유놀이
17:00	귀가
17:30	유치원 문 닫기

(2) 독일 숲유치원

독일에서 숲교육은 우워줄라 수베(Ursula Sube) 여사가 헤센(Hessen) 주의 비스바덴(Wiesbaden) 시에 속한 숲에서 1968년부터 시작한 '숲산책그룹(Waldwander-gruppe)'에서 시작되었다. 이웃자녀 4명을 맡아 기르면서 아이들과 숲에 나가 3~4시간 활동을 하였는데 이후 28명의 집단으로 발전하게 되었다(이명환, 2003).

독일의 유아교육 전공자에 의해 설립된 진정한 교육적 의미의 첫 번째 숲유치원은 1993년 북부 독일 플랜스부르그(Flensburg) 시에 세워진 숲유치원이라고 할 수 있다. 유치원 교사였던 페트라 예거(Petra Jäger)와 케르스타인 옙센(Kerstein Jebsen)은 덴마크의 숲유치원에 관심을 가지고 직접 방문하여 현장연구를 하였고 이후 2년간의 연구와 준비를 통해 독일 최초의 숲유치원을 개원하게 되었다. 이후 독일의 숲유치원은 비약적인 성장을 하고 있으며 모든 숲유치원은 정식 유아교육기관으로 인정받아 숲유치원이 위치한 주정부와 지방자치단체로부터 일반유치원과 상응한 지원을 받고 있다(이명환, 2012).

독일의 숲유치원은 크게 전형적인 숲유치원과 통합적인 숲유치원으로 운영되고 있다. 전형적인 숲유치원이란 숲에서 계속되는 반일제 활동(보통 오전 4시간)으로 주 5일 교육활동을 진행하게 된다. 학급당 교사는 유치원에 따라 다르지만 보통 두 명의 정교사와 한 명의 교육실습교사가 15~18명의 유아를 지도하게 된다. 별도의 유치원 건물은 없지만 폭풍이나 우박, 천둥, 번개 등 날씨를 대비하여 숲유치원에 대피소 형태의 건물을 가지고 있다. 반면 통합적인 숲유치원은 일반 유치원에서 숲유치원의 교육을 통합하여 운영하는 형태를 말한다. 구체적으로 일반 유치원에서 고정된 숲 학급이나 숲 그룹을 운영하거나 하루 일과로서 숲유치원과 일반 유치원 프로그램의 연계, 일반 유치원에서 프로젝트 활동으로서의 숲체험 활동 실시, 정규적인 '숲의 날' 운영 등의 방법으로 진행된다(곽노의 외, 2010).

독일 숲유치원의 특징 중 하나는 학부모들이 협회를 만들어 법인으로 등록하여 숲유치원을 설립 · 운영한다는 것이다. 이와 같은 숲유치원이 지방자치단체나 종교단체, 복지단체 등에서 숲유치원을 설립하여 운영하는 비율보다 높을 정도로 학부모들의 숲유치원 교육에 대한 관심이 매우 높다. 그리고 이러한 학부모의 관심 덕분에 독일의 숲유치원이 발전하게 되었다. 학부모법인 운영위원회는 4~5명의 학부모들이 행정적인 공문, 재정 및 회계, 견학장소 예약, 물품구입 등 숲유치원 운영에 전반적으로 참여하기 때문에 교사는 유아들을 교육만 전담하는 특징을 가지고 있다(이신영, 2015).

다음은 독일 볼프스부르크 숲유치원의 하루일과에 대한 사례이다(곽노의 외, 2010).

시 간	주요 활동
08:00 등원	유아들은 부모와 함께 만남의 장소로 등원한다.
08:00 ~ 08:30 아침모임	숲놀이터에서 모여 아침모임을 하는데 가벼운 율동, 출석체크를 한다.
08:30 ~ 09:00 바우바겐이 있는 장소로 이동 및 도착	유아들과 교사는 바우바겐과 넓은 놀이 공간이 있는 장소로 이동하며 주변을 자유롭게 탐색해 나간다. 바우바겐 안에는 긴 테이블, 의자 등을 배치하여 실내에서 활동을 하거나 휴식, 날씨가 좋지 않을 경우에는 대피공간으로 사용하기도 한다.
09:00 ~ 09:20 간식	집에서 간단히 준비해 온 간식을 먹는다.
09:20 ~ 09: 40 이야기 나누기	나무토막을 동그랗게 배치하고 앉아 그날의 주제와 관련된 이야기 나누기를 한다.
09: 40 ~ 11: 40 자유놀이	숲에서 구한 자연물을 가지고 자유롭게 놀이하는 시간이다. 유아들은 목공, 연극, 웅덩이 파기, 물놀이, 집만들기 활동을 진행한다.
11:40 ~ 12:00 서클 활동 및 동화	교사가 유아들을 모이게 하면 유아들은 가지고 놀이하던 놀잇감을 정리하고 모여 앉아 그날의 주요 주제에 대해 이야기하거나 동화를 들려준다.
12:00 ~ 12:30 마무리 활동 및 귀가	유아들이 어깨에 손을 얹고 한 줄로 선 후 교사와 함께 노래를 부르며 숲유치원 주변을 돈다. 이후 만남의 장소로 이동하게 되며 부모들이 와서 유아를 데리고 간다.

[사진 2-2] 독일 숲 유치원의 사진

(3) 영국 숲유치원

영국의 숲유치원 역시 덴마크의 숲유치원을 모델로 시작하였으나 명칭과 운영 방법에 있어서 차이가 있다. 보통 유럽의 숲유치원들이 취학 전 어린 유아를 대상으로 하는 것과 달리 영국은 유아부터 노년까지를 대상으로 한다. 또한 숲유치원이라는 용어가 아닌 숲학교(Forest School)로 부르고 있다. 영국의 숲교육은 2012년에 창립된 숲학교협회(Forest School Association: FSA)를 중심으로 이루어지고 있다.

FSA는 양질의 숲학교 육성을 목표로 숲학교 전문가 양성을 위한 교육과정을 운영하여 일반 공 · 사립 학교와 숲학교 전문가를 연결해 주는 역할을 담당한다(신지연, 2014). 또한 숲교육을 원하는 유 · 초 · 중 · 고등학교에 숲학교 전문가가 방문하여 일주일에 1~3회씩 하루 반나절 정도의 숲학교 프로그램을 숲날이나 방과 후 과정의 형식으로 실시되고 있다. 현재 유치원에서 숲학교가 가장 활발하게 운영되고 있으며 덴마크나 독일의 전통적인 매일형 숲유치원과 같이 운영되는 곳은 드물다. 이처럼 영국이 다른 유럽과 다른 형태의 방식으로 숲교육을 실시하게 되는 배경에는 역사적으로 잦은 전쟁과 산업화로 인해 자연환경 자체가 매우 열악하기 때문이다(신지연, 2014).

영국 숲학교 운영의 특징을 살펴보면 숲학교는 매우 장기적인 교육과정이다. 즉, 숲학교는 이상적으로 최소 2주에 한 번씩 정기적으로 운영된다. 구체적으로 사계절을 모두 체험할 수 있도록 일 년간 운영하며 한 학기에 10주 이상의 숲교육을 실시할 것을 권하고 있다(Knight, 2013; Bratton, Crossey, Crosby, & McKeown, 2005). 실제 숲학교에서는 목공놀이, 나무오르기, 그림그리기, 관찰하기, 자연물 예술작품 만들기 등과 같은 자유로운 놀이가 진행되거나 교사와 함께 대그룹으로 동화듣기, 노래부르기 활동 등이 진행된다(신지연, 2014).

(4) 일본 숲유치원

일본의 숲유치원은 주로 부모들이 스스로 보육하고 운영하는 숲놀이 그룹이나 숲산책 그룹의 형태로 시작되어 그후 부모들이 공동 운영하면서 숲보육교사를 고용한 숲유치원이나 유아교사와 보육교사들이 직접 운영하는 숲유치원이 세워지며 발달하게 되었다(신지연 외, 2019). 현재 일본 정부에서는 숲유치원을 정식 유치원으로 인가하지 않고 있기 때문에 정식 인가를 받은 유치원이 사용하는 '幼稚園(유치원)'이라는 한자 대신 일본 고유의 히라가나 표기를 사용한 'ようちえん(유치원)' 명칭을 사용하고 있다(장희정, 2010).

일본 숲유치원의 특징으로는 숲교육에 대한 개념이 'forest education'이 아닌 'outdoor education'의 개념이라는 점이다. 즉, 숲뿐만 아니라 바다, 강, 들, 야산, 밭, 도시공원 등 모든 야외 공간이 유아들의 성장과 발달을 도울 수 있는 숲유치원 장소가 되는 것이다. 이러한 개념은 유럽의 숲교육의 영향과 일본의 자연환경이 반영된 특성이라고 할 수 있다(신지연 외, 2019).

일본의 숲유치원 유형은 자주보육형, 공동보육형, 주재자형으로 구분할 수 있다. 자주보육형은 교육관이 비슷한 10명 미만의 어머니들이 산, 들, 강으로 다니며 아이들과 활동을 진행하는 비인가 기관이다. 주 1~2회 정도 모임을 가지며 어머니들이 가진 전공과 특기를 살펴 역할 분담을 한다. 그러나 최근에는 유아교육을 전공한 교사를 채용하여 운영하는 형태로 바뀌는 추세이다. 교육에 필요한 경비는 공동으로 부담하게 된다. 자주보육형에서 발전된 공동보육형은 어머니들을 대신해 유아교육의 전문지식을 갖춘 보육교사를 고용하여 운영한다. 또한 공동보육형은 어린이집이나 유치원으로 승인받아 운영하기도 한다. 마지막으로 주재자형은 유아교육 및 보육을 전공한 교사들이 숲유치원을 설립 · 운영하면서 교사로 직접 교육을 하는 형태이다. 주재자형은 사유림을 이용해 전형적인 숲유치원 형태로 운영하거나 유치원 입학 나이의 유아들을 대상으로 주말 숲유치원 체험 프로그램, 방과 후 또는 방학 자연체험 프로그램을 운영하기도 한다(신지연 외, 2019; 장희정, 2010).

일본에서 처음으로 인가받은 숲유치원인 '어린이의 숲유치원'은 도쿄에 있는 한 유치원에서 자연 친화교육을 실천하던 우치다 선생이 설립한 유치원이다. 어린이의 숲유치원은 하수관을 이용한 다목적 미끄럼틀, 외줄그네타기, 그물이나 밧줄을 이용한 균형잡기, 스키 타기 등의 놀이를 할 수 있으며 식물을 이용한 실험, 나무집짓기, 나무오르기 등의 활동을 진행하게 된다. 다음은 어린이의 숲유치원 하루일과이다(장희정, 2010).

시간	주요 활동
09:30 아침 모임	기도로 하루를 열며 계절에 맞는 시를 읊거나 그림책을 읽는다. 또는 교사와 노래 부르기, 간단한 인형극 보기 등의 활동이 진행된다.
10:00 야외활동	유치원 주변의 넓은 초원을 뛰어다니며 자유놀이를 즐기는 시간이다.
12:00 점심시간	집에서 준비해 온 도시락을 실내 또는 바깥으로 나가 들판에서 먹는다. 월 1회 정도는 유아들이 직접 계절에 맞는 요리를 만들어 먹기도 한다.

시 간	주요 활동
12:00 실내놀이	점식 식사를 마친 후에는 실내활동을 진행한다. 나뭇조각, 책상, 의자, 천, 수제품 장난감 등을 사용해서 놀이를 진행한다. 또한 오전자유활동에서 체험한 것을 표현하는 미술활동을 진행하기도 한다.
14:00 귀가 모임	교사와 함께 모여 하루 생활을 되돌아보는 시간을 갖는다. 교사는 유아들이 서로 각자 체험한 것을 이야기하도록 하며 그림책이나 옛날이야기 등을 들려주며 하루 일과를 마친다.

지금까지 살펴본 해외 숲유치원 사례들을 통해 각 나라별로 숲유치원이 다양한 이름으로 운영되고 있다는 것과 각 나라의 특징을 반영하여 은영방법이 다양한 것을 확인할 수 있었다. 여러 해외 사례를 통해 우리나라의 숲교육에 반영할 수 있는 시사점이 무엇인지를 분석하고 적용해 나가기 위해 노력하는 자세를 갖는 것이 필요하다.

Chapter

3

2019 개정 누리과정과 유아 숲교육

2011년 5월 유아교육 · 보육에 대한 국가의 책임을 강화하기 위해 5세의 유아교육과 보육 내용을 통합한 공통과정이 고시되었으며, 2011년 9월「5세 누리과정」을 '공통과정'으로 제정하여 고시하였다. 이후 국가는 누리과정 적용 대상을 5세에서 3~4세 유아까지 확대하여 적용하기로 하였다. 이에 따라 2013년 3월부터는「3~5세 연령별 누리과정」이 시행되게 되었으며 그 결과 유아교육과 보육의 중요성 및 교육 · 보육에 대한 국가 책무에 대한 인식이 강화되었다. 또한 유치원과 어린이집의 이용률이 증가하고 누리과정 운영자와 이용 부모들의 만족도 역시 향상된 것으로 평가되었다(김은영 외, 2019).

교육부는 2017년 12월 국정과제 구현과 출발선 평등을 실현하기 위해 '유아교육 혁신방안'을 발표하게 되었다. '유아교육 혁신방안'의 주요 내용으로 '유아가 중심이 되는 놀이 위주의 교육과정 개편'이 명시되었다. 이에 유아 · 놀이 중심 교육과정 개편 방향을 반영하여 2019년 7월「2019 개정 누리과정」이 고시되었으며 2020년 3월부터 유치원과 어린이집에 다니는 3~5세 유아에게 공통으로 적용하게 되었다(교육부, 보건복지부, 2019).

이번 장에서는 유아 · 놀이 중심으로 개정된「2019 개정 누리과정」의 주요 내용 및 숲에서 진행되는 활동과 누리과정의 내용이 어떻게 연계될 수 있는지를 살펴보고자 한다.

1. 2019 개정 누리과정 영역별 내용

개정 누리과정은 유아가 각자 자신에게 가장 적합한 방식으로 놀이하며 배운다는 점을 강조하며 유아가 주도하는 놀이 중심의 교육과정이다. 주요 개정 내용 중 누리과정의 영역별 내용에 초점을 두고 살펴보면 이전「3~5세 연령별 누리과정」의 경우 369개의 세부 내용을 제시하고 있어 세부 내용이 많다는 문제점이 제기

되었다. 이에 따라 개정 누리과정은 신체운동 · 건강, 의사소통, 사회관계, 예술경험, 자연탐구의 5개 영역은 기존과 동일하게 유지하고 각 영역은 3개의 내용범주를 두어 총 15개의 내용범주로 구성되었다. 구체적으로 신체운동 · 건강 영역 12개, 의사소통 영역 12개, 사회관계 영역 12개, 예술경험 영역 10개, 자연탐구 영역 13개 총 59개로 간략화하였다. 또한 기존과 달리 연령별로 구분하지 않고 유아가 경험해야 할 내용으로 제시하고 있다.

「2019 개정 누리과정」 해설서를 통해 개정 누리과정의 5개 영역에 대해 살펴보도록 한다(교육부, 보건복지부, 2019).

1) 신체운동 · 건강 영역

유아기는 신체운동이 가장 활발한 시기이며 다양한 신체운동을 통해 건강한 유아로 성장해 나갈 수 있기 때문에 누리과정에서 가장 처음에 신체운동 · 건강 영역을 제시하고 있다(임부연 외, 2021). 신체운동 · 건강 영역은 '신체활동 즐기기', '건강하게 생활하기', '안전하게 생활하기' 3개의 내용범주와 총 12개의 내용으로 구성되어 있다. 신체운동 · 건강 영역과 관련한 구체적인 내용과 숲에서 유아들이 경험하게 되는 신체운동 · 건강 영역과 관련된 활동의 예는 다음과 같다.

① 목표

실내외에서 신체활동을 즐기고, 건강하고 안전한 생활을 한다.

1) 신체활동에 즐겁게 참여한다.

2) 건강한 생활습관을 기른다.

3) 안전한 생활습관을 기른다.

② 내용

내용범주	내용
신체활동 즐기기	• 신체를 인식하고 움직인다. • 신체 움직임을 조절한다. • 기초적인 이동운동, 제자리 운동, 도구를 이용한 운동을 한다. • 실내외 신체활동에 자발적으로 참여한다.
건강하게 생활하기	• 자신의 몸과 주변을 깨끗이 한다. • 몸에 좋은 음식에 관심을 가지고 바른 태도로 즐겁게 먹는다 • 하루 일과에서 적당한 휴식을 취한다. • 질병을 예방하는 방법을 알고 실천한다.
안전하게 생활하기	• 일상에서 안전하게 놀이하고 생활한다. • TV, 컴퓨터, 스마트폰 등을 바르게 사용한다. • 교통안전 규칙을 지킨다. • 안전사고, 화재, 재난, 학대, 유괴 등에 대처하는 방법을 경험한다.

'신체활동 즐기기'는 유아가 스스로 신체를 움직이는 동안 자연스럽게 자신의 신체를 인식하고 조절하며 실내외에서 다양한 신체활동에 자발적으로 참여하면서 신체활동을 즐기는 내용이다.

'건강하게 생활하기'는 유아가 스스로 몸과 주변을 깨끗이 하고 즐겁게 식사하며 자신의 신체 리듬에 맞게 휴식을 취하고 질병을 예방하는 다양한 방법을 실천하는 내용이다.

마지막으로 '안전하게 생활하기'는 유아가 안전하게 놀이하고 생활하며 자주 접하는 TV, 컴퓨터, 스마트폰을 바르게 사용하고 안전하게 다닐 수 있도록 교통안전 규칙을 지키며 안전사고, 화재, 재난, 학대, 유괴 등의 위험한 일이 발생하였을 때 도움을 요청하거나 대처할 수 있는 방법을 경험하는 내용으로 구성되어 있다.

〈신체활동 즐기기 활동 예〉

나뭇가지 줄다리기

숲에서 쉽게 볼 수 있는 나뭇가지를 활용하여 줄다리기를 하는 활동으로 승리하기 위해 신체의 움직임을 적절하게 조절하는 경험을 하게 된다.

거미줄 통과하기

'거미' 주제에 진행할 수 있는 활동으로 밧줄을 이용하여 거미줄을 만들고 유아들이 거미에게 잡히지 않고 거미줄 사이를 통과하는 활동이다. 줄 사이를 통과하기 위해 유아들이 자신의 신체를 정교하게 조절하며 움직이는 과정을 통해 신체활동을 즐기며 대근육 발달을 도울 수 있다.

〈건강하게 생활하기 활동 예〉

낙엽 침대에 누워 쉬기

유아의 경우 하루 일과에서 적당한 휴식을 취하는 것이 필요하다. 숲에서 놀이를 할 경우에도 중간에 적절한 휴식시간을 제공할 수 있다. 가을이 되어 낙엽이 많이 떨어졌을 때 낙엽을 침대 삼아 누워보는 시간을 통해 유아들이 휴식을 취할 수도 있으며 가을의 아름다움을 느껴볼 수 있다.

〈안전하게 생활하기 활동 예〉

통나무 건너기

비닐 썰매타기

숲에서 유아들이 안전하게 놀이하고 생활할 수 있도록 지도하는 것이 필요하다. 사진과 같이 통나무 건너기 활동이나 겨울철 썰매타기 활동을 진행하기 전 유아들과 지켜야 할 규칙에 대해 반드시 이야기를 나누는 것이 필요하다.

이 외에도 숲에서 활동을 진행할 때 유아들과 할 수 있는 약속에는 다음과 같은 것들이 있다.

첫째, 선생님보다 앞서 가지 않고 함께 이동해요.

둘째, 숲에서는 안전하게 걸어다녀요.

셋째, 자연물을 소중히 다루어요.

2) 의사소통 영역

의사소통 영역은 유아가 주변 사람들과 소통하며 관계를 맺기 위해 자신의 생각과 느낌을 다양한 방법으로 표현할 수 있도록 하기 위해 필요한 영역이다. 의사소통 영역은 '듣기와 말하기', '읽기와 쓰기에 관심 가지기', '책과 이야기 즐기기' 3개의 내용범주와 총 12개의 내용으로 구성되어 있다.

① 목표

일상생활에 필요한 의사소통 능력과 상상력을 기른다.

1) 일상생활에서 듣고 말하기를 즐긴다.

2) 읽기와 쓰기에 관심을 가진다.

3) 책이나 이야기를 통해 상상하기를 즐긴다.

② 내용

내용범주	내용
듣기와 말하기	• 말이나 이야기를 관심 있게 듣는다. • 자신의 경험, 느낌, 생각을 말한다. • 상황에 적절한 단어를 사용하여 말한다. • 상대방이 하는 이야기를 듣고 관련해서 말한다. • 바른 태도로 듣고 말한다. • 고운 말을 사용한다.
읽기와 쓰기에 관심 가지기	• 말과 글의 관계에 관심을 가진다. • 주변의 상징, 글자 등의 읽기에 관심을 가진다. • 자신의 생각을 글자와 비슷한 형태로 표현한다.
책과 이야기 즐기기	• 책에 관심을 가지고 상상하기를 즐긴다. • 동화, 동시에서 말의 재미를 느낀다. • 말놀이와 이야기 짓기를 즐긴다.

'듣기와 말하기'는 유아의 듣고 말하는 경험이 분리되지 않음을 고려하여 기존 누리과정의 '듣기'와 '말하기'를 '듣기와 말하기'로 제시하였다. 유아가 다른 사람의 말이나 이야기를 관심 있게 듣고, 자신의 경험, 느낌, 생각을 상황에 적절한 단어를 사용하여 말하고 고운 말을 사용하는 내용이다.

'읽기와 쓰기에 관심 가지기' 역시 유아의 읽고 쓰는 경험이 분리되지 않았으며 아직 읽고 쓰기에 능숙하지 않은 유아기의 특성을 고려하여(임부연 외, 2021) '읽기와 쓰기에 관심 가지기'로 제시하였다. 유아가 말과 글의 관계에 관심을 가지고 주변의 상징, 글자 등을 읽으며 자신의 생각을 글자와 비슷한 형태로 표현해 보는 내용이다.

'책과 이야기 즐기기'는 유아가 다양한 책에 관심을 가지고 상상하며 동화, 동시에서 말의 재미를 느끼고 말놀이와 이야기 짓기를 즐기는 내용이다.

〈듣기와 말하기 활동〉

숲에서 만난 곤충의 소리 듣기

듣기 활동은 의사소통의 기본으로 숲에서 유아들은 다양한 소리에 관심을 가지고 귀를 기울이게 된다. 이러한 듣기의 경험은 이후 다른 사람의 말이나 이야기에 관심을 가지고 들을 수 있도록 하는 데 기초가 될 수 있다.

무엇을 하고 놀지 이야기 나누기

숲에서도 유아들과 이야기 나누는 시간을 갖게 된다. 그날의 주제와 어떤 활동을 진행하게 될지 소개하거나 유아의 의견을 듣는 형식으로 진행하게 된다. 이를 통해 유아들은 바른 태도로 듣고 말하는 경험을 하게 된다.

〈읽기와 쓰기에 관심 가지기 활동〉

버찌즙으로 글씨 써보기

벚나무 열매인 버찌를 탐색한 후 즙을 내어서 그 즙을 활용해 자유롭게 바닥에 글쓰기 활동을 진행할 수 있다. 이러한 활동을 통해 유아들은 자신의 생각을 글자와 비슷한 형태로 표현해 보는 경험을 하게 된다.

나뭇가지로 글씨 만들기

주변에서 쉽게 볼 수 있는 나뭇가지 역시 글쓰기의 좋은 활동자료가 될 수 있다. 사진은 유아들이 나뭇가지를 이용하여 자유롭게 글자를 만들어 보는 활동이다. 교사는 유아들에게 친숙한 글자를 써볼 수 있도록 하며 어려워하는 경우 적절한 도움을 제공하도록 한다.

〈책과 이야기 즐기기 활동 예〉

숲에서 동화 듣기

교사가 사전에 주제와 관련된 책을 준비해서 유아들과 함께 숲에서 책읽기 활동을 진행할 수 있다. 이 과정에서 유아들은 실내에서 책 읽기와는 다른 경험을 하게 되며 유아들의 상상력이 더욱 풍부해질 수 있다.

3) 사회관계 영역

유아는 자신을 소중히 여기고 주변 사람과 관계를 맺으며 성장해 나간다. 그리고 그 과정에서 다른 사람을 배려하고 존중하는 태도를 형성하게 된다. 사회관계 영역은 유아가 먼저 자신에 대한 이해를 바탕으로 정체성을 갖고 다른 사람과 더불어 살아가기 위해 필요한 경험과 관련된 내용으로 구성되어 있다. 사회관계 영역은 '나를 알고 존중하기', '더불어 생활하기', '사회에 관심 가지기' 3개 범주와 총 12개의 내용으로 구성되어 있다. 사회관계 영역의 구체적인 내용과 숲에서 유아들이 경험하게 되는 사회관계 영역 관련된 활동의 예는 다음과 같다.

① 목표

자신을 존중하고 더불어 생활하는 태도를 가진다.

1) 자신을 이해하고 존중한다.

2) 다른 사람과 사이좋게 지낸다.

3) 우리가 사는 사회와 다양한 문화에 관심을 가진다.

② 내용

내용범주	내용
나를 알고 존중하기	• 나를 알고 소중히 여긴다. • 나의 감정을 알고 상황에 맞게 표현한다. • 내가 할 수 있는 것을 스스로 한다.
더불어 생활하기	• 가족의 의미를 알고 화목하게 지낸다. • 친구와 서로 도우며 사이좋게 지낸다. • 친구와의 갈등을 긍정적인 방법으로 해결한다. • 서로 다른 감정, 생각, 행동을 존중한다. • 친구와 어른께 예의바르게 행동한다. • 약속과 규칙의 필요성을 알고 지킨다.
사회에 관심 가지기	• 내가 살고 있는 곳에 대해 궁금한 것을 알아본다. • 우리나라에 대해 자부심을 가진다. • 다양한 문화에 관심을 가진다.

'나를 알고 존중하기'는 기존 누리과정의 '나'와 관련된 세부 내용을 통합하여 새롭게 제시하였다. 구체적으로 유아가 자신을 나타낼 수 있는 것과 자신의 감정을 알고 상황에 맞게 적절하게 표현하며 자신이 할 수 있는 것을 스스로 해봄으로써 긍정적인 자아존중감과 자율성을 경험할 수 있도록 내용이 구성되어 있다.

'더불어 생활하기'의 경우 유아가 가족의 의미와 소중함에 대해 알고 친구와 서로 돕고 양보, 배려, 협력하여 사이좋게 지내는 내용을 담고 있다. 이 외에도 사람들마다 다른 감정, 생각, 행동을 존중하며 친구와의 갈등을 긍정적인 방법으로 해결하는 내용이다. 또한 친구와 어른께 예의 바른 태도로 말하고 행동하며 약속과 규칙의 필요성을 알고 지키는 내용으로 구성되어 유아가 사회 공동체의 일원으로서 성장해 나갈 수 있도록 한다.

마지막으로 '사회에 관심 가지기'는 문화 다양성을 이해하고 존중하는 내용이 포함되어 있다. 구체적으로 유아가 자신이 사는 지역에 관심을 가지고 탐구하며 우리나라의 상징, 언어, 문화에 대해 알아 가면서 대한민국 국민으로서 긍지와 자부심을 가지도록 하였다. 이 외에도 다른 나라의 다양한 문화에 관심을 가지고 존중하는 경험을 할 수 있는 내용으로 구성되어 있다.

〈나를 알고 존중하기 활동 예〉

나뭇잎에 내 얼굴 그리기

돌멩이에 내 얼굴 그리기

유아기는 자아개념을 형성하는 시기로 다양한 활동을 통해 자기 자신에 대해 지각해 나간다. 숲에서 접하게 되는 다양한 자연물을 도화지 삼아 자신의 얼굴을 그리고 꾸며보는 활동을 진행할 수 있다.

열매를 빻아서 즙을 낸 후 나뭇잎이나 돌멩이에 내 얼굴을 그리고 꾸미는 활동을 통해 유아들은 나를 알고 소중히 여기는 경험을 할 수 있게 된다.

〈더불어 생활하기 활동 예〉

도토리의 꿈 이루어 주기

숲에는 도토리를 먹이로 살아가는 멧돼지, 청설모, 다람쥐가 있고 사람들도 도토리를 주워 간다. 도토리가 싹이 나고 커다란 나무로 성장해 나갈 수 있도록 유아들이 힘을 모아 천적을 피해 도토리를 이동해 보는 활동을 진행할 수 있다. 이러한 과정을 통해 유아들은 서로 협동하고 도토리를 도와주는 경험을 해볼 수 있다.

나무 화장해 주기

숲에서 부러진 나뭇가지 등은 쉽게 만날 수 있다. 생명이 다한 나뭇가지에 유아들이 열매 즙을 내어서 다시 칠하며 화장해 주는 놀이로 진행하였다. 유아들이 서로 협동하며 멋진 나무로 변신시키는 경험을 할 수 있게 된다.

〈사회에 관심 가지기 활동 예〉

생선구이 놀이

우리 마을에 있는 들꽃 찾기

우리 지역에 있는 바다에 대해 이야기를 나누고 바다에서 잡은 물고기를 숲에서 볼 수 있는 자연물로 만든 후 구워먹는 활동으로 진행하였다.
또한 우리 마을에서 볼 수 있는 들꽃의 종류에 대해 알아보고 들꽃을 찾아보는 활동을 진행할 수 있다. 이러한 활동을 통해 내가 살고 있는 지역의 특징에 대해 이해할 수 있다.

4) 예술경험 영역

유아는 풍부한 감성을 가진 존재로 일상 속에서 아름다움과 경이감을 느끼고 즐기고 표현해 나가는 존재이다. 예술경험 영역은 유아가 자연, 생활, 예술에서 아름다움을 느끼고 자신의 생각과 느낌을 다양하게 표현하도록 돕는 영역이다. 예술경험 영역은 '아름다움 찾아보기', '창의적으로 표현하기', '예술 감상하기' 3개의 내용범주와 총 10개의 내용으로 구성되어 있다.

① 목표

아름다움과 예술에 관심을 가지고 창의적 표현을 즐긴다.

1) 자연과 생활 및 예술에서 아름다움을 느낀다.

2) 예술을 통해 창의적으로 표현하는 과정을 즐긴다.

3) 다양한 예술 표현을 존중한다.

② 내용

내용범주	내용
아름다움 찾아보기	• 자연과 생활에서 아름다움을 느끼고 즐긴다. • 예술적 요소에 관심을 갖고 찾아본다.
창의적으로 표현하기	• 노래를 즐겨 부른다. • 신체, 사물, 악기로 간단한 소리와 리듬을 만들어 본다. • 신체나 도구를 활용하여 움직임과 춤으로 자유롭게 표현한다. • 다양한 미술 재료와 도구로 자신의 생각과 느낌을 표현한다. • 극놀이로 경험이나 이야기를 표현한다.
예술 감상하기	• 다양한 예술을 감상하며 상상하기를 즐긴다. • 서로 다른 예술 표현을 존중한다. • 우리나라 전통 예술에 관심을 갖고 친숙해진다.

'아름다움 찾아보기'는 유아가 자연과 생활, 예술에서 아름다움을 느끼고 즐기는 경험을 반영하여 새롭게 편성된 내용이다. 즉, 유아가 일상에서 아름다움과 경이감을 느끼고 심미감을 즐기는 내용을 담고 있다.

'창의적으로 표현하기'는 유아가 자신의 생각과 느낌을 신체, 사물, 악기와 움직임과 춤, 미술 활동을 통해 표현하며 경험과 이야기를 극놀이로 표현하는 내용으로 구성되어 있다.

'예술 감상하기'는 유아가 자신과 또래의 작품뿐만 아니라 다양한 예술을 감상하며 상상력을 키우고 서로 다른 예술 표현을 존중하는 내용을 담고 있다. 또한 우리나라 전통 예술에 관심을 갖고 친숙해지는 내용으로 구성하고 있다.

〈아름다움 찾아보기 활동 예〉

거울을 통해 나무 바라보기

나무가 우거진 곳에 거울을 바닥에 내려놓으면 그동안 보지 못했던 또 다른 모습의 나무를 만날 수 있다. 또한 높은 곳의 나뭇잎을 보다 자세히 관찰할 수 있게 되기도 한다. 유아들은 거울에 비친 나뭇잎과 햇빛 등을 통해 자연에서 아름다움을 느끼고 즐기는 경험을 하게 된다.

〈창의적으로 표현하기 활동 예〉

나무에 핀 버섯 연주하기

숲에서 만나게 되는 자연물은 유아들에게 흥미로운 악기가 되기도 한다. 나무에 핀 버섯을 나뭇가지로 두드리며 소리를 탐색한다. 또한 간단한 리듬을 자유롭게 만들어 볼 수 있다. 이 과정을 통해 유아들은 자신의 생각과 느낌을 창의적으로 표현하는 경험을 할 수 있다.

일본 목련잎에 애벌레가 만든 가면

일본 목련잎을 관찰하던 중 애벌레가 뚫어 놓은 동그란 구멍을 발견한 유아는 "와~ 가면이다!" 라고 외친다. 이후 다른 유아들도 나뭇잎을 가지고 가면을 만드는 활동으로 자연스럽게 이어지게 되었다. 숲에서 우연히 발견한 나뭇잎이 가면이 되기도 하는 등 숲의 자연물들을 통해 마음껏 자신의 생각과 느낌을 표현하며 창의적인 활동을 진행하게 된다.

〈예술 감상하기 활동 예〉

새로운 나무 만들고 감상하기

유아들은 바닥에 떨어진 다양한 열매에 큰 호기심을 갖고 있다. 바닥에 나뭇가지를 활용해서 나무 기둥을 만들고 유아들이 주워 온 열매를 활용해서 새롭게 꾸며보는 활동을 진행하였다. 유아들이 함께 완성한 나무를 감상하며 미술표현의 즐거움을 느끼며 다른 유아의 표현을 존중하는 경험을 할 수 있다.

5) 자연탐구 영역

유아는 타고난 호기심을 바탕으로 주변을 능동적으로 탐색해 나가는 존재이다. 특히 자신이 궁금한 내용에 대한 답을 찾기 위해 적극적으로 탐구해 나간다. 자연탐구 영역은 유아가 자신 주변의 물질과 사물, 자연현상, 동식물 등의 특성과 변화를 수학적 · 과학적으로 탐구해 나가는 내용이다. 자연탐구 영역은 '탐구과정 즐기기', '생활 속에서 탐구하기', '자연과 더불어 살기' 3개의 내용범주와 총 13개의 내용으로 구성되어 있다.

① 목표

탐구하는 과정을 즐기고, 자연과 더불어 살아가는 태도를 가진다.

1) 일상에서 호기심을 가지고 탐구하는 과정을 즐긴다.

2) 생활 속의 문제를 수학적, 과학적으로 탐구한다.

3) 생명과 자연을 존중한다.

② 내용

내용범주	내용
탐구과정 즐기기	• 주변 세계와 자연에 대해 지속적으로 호기심을 가진다. • 궁금한 것을 탐구하는 과정에 즐겁게 참여한다. • 탐구과정에서 서로 다른 생각에 관심을 가진다.
생활 속에서 탐구하기	• 물체의 특성과 변화를 여러 가지 방법으로 탐색한다. • 물체를 세어 수량을 알아본다. • 물체의 위치와 방향, 모양을 알고 구별한다. • 일상에서 길이, 무게 등의 속성을 비교한다. • 주변에서 반복되는 규칙을 찾는다. • 일상에서 모은 자료를 기준에 따라 분류한다. • 도구와 기계에 대해 관심을 가진다.
자연과 더불어 살기	• 주변의 동식물에 관심을 가진다. • 생명과 자연환경을 소중히 여긴다. • 날씨와 계절의 변화를 생활과 관련짓는다.

'탐구과정 즐기기'는 유아가 주변 세계와 자연에 대해 지속적으로 호기심을 가지고 궁금한 것을 탐구하는 과정에 적극적으로 참여하면서 서로 다른 생각에 관심을 갖는 내용으로 구성되어 있다.

'생활 속에서 탐구하기'는 일상의 문제를 수학적, 과학적 방식으로 탐구하는 유아의 경험을 반영하였다. 유아가 물체의 특성과 변화를 여러 가지 방법으로 탐색하고 물체를 세어 수량을 알아보고 물체의 위치와 방향, 모양을 알고 구별하는 내용으로 구성되어 있다. 또한 길이와 무게 등의 속성을 비교하고 반복되는 규칙을 찾아보는 내용이다. 이 외에도 모은 자료를 기준에 따라 분류하고 도구와 기계에 대해 관심을 가지고 탐구하는 내용이다.

'자연과 더불어 살기'는 유아가 주변의 동식물에 대해 관심을 가지고 생명과 자연을 소중히 여기며 날씨와 계절의 변화를 생활과 관련짓는 내용으로 구성되어 있다.

〈탐구과정 즐기기 활동 예〉

칡덩굴을 이용한 비눗방울 불기

칡덩굴을 이용해서 비눗방울을 불면 일반적으로 알고 있는 동그란 모양이 아닌 부글부글 형태로 불어지는 비눗방울을 볼 수 있다. '칡덩굴 말고 또 비눗방울을 불 수 있는 자연물은 없을까?'라는 궁금증이 생긴 유아들이 자발적으로 다양한 자연물을 탐색해 나간다.

〈생활 속에서 탐구하기 활동 예〉

떨어진 매실 세어 꽂기

유아들이 매실 나무 아래 떨어진 매실을 주워 다시 매실 나뭇가지에 열매를 꽂아주는 활동이다. 교사가 매실의 개수를 정해주면 유아들이 세어서 나무에 꽂아볼 수 있도록 지도할 수 있는데 이 과정을 통해 유아들은 자연스럽게 수세기 경험을 할 수 있게 된다.

밤송이로 애벌레 만들기

밤송이를 이용하여 애벌레를 만들어 보는 활동으로 유아들이 자연스럽게 수세기를 통해 밤송이를 주워와서 만들기를 진행한다. 또한 다른 친구들이 만든 애벌레와 비교하며 자연스럽게 수세기를 진행할 수 있으며 길이 등을 비교해 볼 수 있다.

〈자연과 더불어 살기 활동 예〉

무당거미 관찰하기	가재 관찰하기

숲에는 자연물뿐만 아니라 다양한 곤충들을 만날 수 있게 되는데 유아들은 큰 관심을 보이며 탐색하는 것을 즐긴다. 이때 교사는 유아들에게 위험하지 않는 곤충일 경우 직접 관찰해 볼 수 있는 경험을 제공하도록 한다. 또한 관찰에 필요한 적절한 도구(루페, 관찰통)를 준비하여 유아들의 관찰을 지원할 수 있다. 이를 통해 유아들은 주변의 곤충들에 관심을 가지게 되며 생명을 소중히 여기는 경험을 하게 된다. 또한 곤충의 생태에 대한 지식을 갖게 된다.

2. 유아 숲놀이 이해하기

1) 봄 놀이 따라가기

<놀이의 배경>

만물이 소생하는 봄이 되면 숲에는 생기가 돈다. 그중 예쁘게 핀 다양한 꽃들은 유아들에게 자연의 아름다움을 선사할 뿐만 아니라 호기심의 대상이 되기도 한다. 봄의 숲 속에서 유아들은 어떤 놀이를 하게 되는지 따라가 보도록 한다.

<예쁜 꽃이 피었어요! 그런데 꽃은 어떻게 피어요?>

봄이 되어 꽃이 피고 새싹이 나는 과정을 지켜보던 유아가 나무에서 어떻게 꽃과 새싹이 피어나는지 궁금해했다.

나무의 물오름 소리 듣기

교사는 유아의 질문에 대해 "나무는 겨울을 잘 지내기 위해 가을에 뿌리로 내린 물을 봄에 다시 빨아올리게 되는데 그것을 물오름이라고 해."라고 알려주자 신기하다고 했다.

"꽃과 잎을 틔우려면 나무는 물이 필요하거든요~"

유아에게 청진기를 제공하자 유아는 집중해서 물오름 소리를 들어보았다.

"와~ 진짜 소리가 들려요. 꿀꺽꿀꺽 소리가 나요!"

"나는 꼬르륵 같은 소리가 들려요."

교사의 지원

- 유아들이 물오름 소리를 들어볼 수 있도록 청진기를 제공하였다.
- 물오름 소리를 잘 듣기 위해 유아들에게 청진기 조작 방법에 대해 알려주었다.
- 나무는 침엽수보다는 활엽수를 선택하도록 하며 청진기 끝을 나무줄기의 뿌리 부분에 가깝게 너무 세지 않게 대도록 하였다.
- 소리를 더욱 잘 듣기 위해서는 주변이 조용해야 하기 때문에 소음이 없는 곳에서 활동을 진행하였다.

<꽃잎이 떨어져요.>

나무 물오름 소리를 들은 후 유아들은 나무에 핀 꽃에 더욱 관심을 갖게 되었다. 강렬한 라일락 향기를 맡아보기도 하고 특히 바람에 흩날리는 벚꽃 잎을 잡으러 뛰어다니며 웃음소리가 끊이지 않았다.

물을 올린 나무에 핀 라일락 꽃 향기 맡아보자~

"나무가 열심히 물을 빨아 올려서 예쁜 꽃이 피었네!"

떨어진 벚꽃 잎으로 거울 그림 그리기

"꽃잎이 떨어진다. 우리 누가 더 많이 잡나 시합할까?"
"선생님이 준비해 온 거울을 바닥에 내려 놓고 하늘을 올려다봐요. 어떤 것들이 보이나요?"
"벚꽃 나무랑 꽃잎이 떨어지는 것도 보여요."
"와~ 고흐의 꽃이 피는 아몬드 나무 같다~"

거울에 비친 내 얼굴 만들기

거울을 들고 다양하게 관찰하던 유아가 거울 속에 비친 내 얼굴에 관심을 보이기 시작했다.

"거울에 나도 있어요."
"그렇네. 우리 예쁜 내 얼굴을 꾸며볼까?"
"오늘은 윙크하는 것처럼 꾸며 볼래~"

교사의 지원

- 유아들이 나무에 핀 꽃을 관찰하고 향기를 맡을 때 꽃을 꺾지 않도록 약속을 정하였다.
- 거울 그림 그리기를 위해 유아들이 안전하게 사용할 수 있는 거울을 제공하였다.
- 거울에 비친 나무를 관찰하며 유아들이 자신의 생각과 느낌을 자유롭게 표현할 수 있도록 하였다.
- 이후 유아들이 각자 거울을 들고 자유롭게 거울에 비친 나무와 꽃을 관찰하도록 하였다.
- 거울에 비친 자신의 얼굴에 관심을 보인 유아에게 자연물을 활용하여 내 얼굴 꾸미기 활동을 진행하였다.
- 내 얼굴 꾸미기에서는 풀꽃들에게 허락을 맡고, 꼭 필요한 만큼만 채취하도록 하였다.

<여기에도 꽃이 있어요.>

나무에 핀 꽃에 관심을 보이던 유아들이 주변에 핀 다른 꽃들에도 관심을 갖게 되었다. "선생님, 여기에도 꽃이 있어요!"라며 다양한 꽃을 찾으러 다니는 유아들과 새로운 꽃을 찾아보았다.

색종이와 같은 색깔 꽃 찾기

인공의 색은 모두 자연에서 온 것을 알고 색종이와 같은 색을 가진 꽃 찾기 놀이를 진행하였다.
"숲속길~ 걸어가다가 노란꽃을 찾아라!!"
"여기 있다~!!"

지끈으로 나비 만들어 꽃에 꿀 먹기

"여기 있는 꽃들은 모두 어떻게 피었을까?"
"바로 나비나 벌이 도와주지!"
유아들이 지끈으로 나비를 만들고 나비가 되어 이 꽃 저 꽃으로 옮겨 다니며 꽃가루받이 과정에 대한 놀이를 하였다.
"노란 꽃에~ 꿀 먹으러 가자~"

죽단화 화관

"선생님~ 나 어때요?"
덩굴처럼 생긴 가지를 머리에 둘러 화관을 만들어 보았다.

교사의 지원

- 유아들이 꽃을 관찰할 때 함부로 꺾지 않도록 약속을 정하였다.
- 유아들이 놀이할 때 주변에 벌이 없는지 살펴보고 안전하게 놀이할 수 있도록 하였다.

<애기똥풀 진짜 이름이 재미있다~>

유아가 발견한 식물 중 애기똥풀 이름을 알려주자 이름이 웃기다며 왜 애기똥풀이라는 이름을 갖게 되었는지 궁금해하였다.

애기똥풀은 줄기나 잎을 자르면 노란색 유액이 나오는데 이 유액이 애기똥과 비슷하다고 해서 애기똥풀이라는 이름이 붙게 되었다.

"애기똥풀로 손톱 물들이기를 할 수 있다고?
으웩!! 똥 냄새가 나는 거 아니야?"
친구들이 안 볼 때 칠해봐야겠다~
"나는 손톱에 예쁘게 칠할래!"

교사의 지원

- 애기똥풀의 경우 약간의 독성이 있기도 하나 유아들에게 크게 위험하지는 않다. 유아들이 너무 심한 두려움을 갖기보다는 애기똥풀과 친해질 수 있도록 시간을 가지고 교사가 지켜보았다.
- 애기똥풀의 경우 많은 양을 채취해서 흰색 천에 염색해 보는 활동으로도 연계할 수 있다.

2) 여름 놀이 따라가기

<놀이의 배경>

초록빛으로 가득한 여름의 숲은 맑고 상쾌함으로 가득하다. 봄을 보내며 숲에 익숙해진 유아들은 땀을 뻘뻘 흘려가면서도 여름의 숲에서 다양한 놀이를 이어나가게 된다.

<나무와 함께 놀아요!>

여름이 되어 울창해진 숲은 유아들에게 봄과는 다른 느낌을 선사하게 된다. 유아들은 녹색으로 변신한 나무에 관심을 보이기 시작하였다.

변화된 숲길을 걸어 봐요!

유아들은 여름이 되어 울창해진 숲길을 걸으며 계절의 변화를 느끼게 되었다.

나무껍질을 느껴봐요

우리의 얼굴이 서로 다른 것처럼 나무마다 껍질(수피)이 다르다. 유아들이 다양한 나무의 껍질을 직접 만져보며 느낄 수 있도록 하고 비교해 볼 수 있도록 하였다.

나뭇잎이 숨을 쉰대요.

"나뭇잎이 숨을 쉰다고요?"
"나뭇잎이 숨을 쉬는 건 어떻게 확인할 수 있을까?"
유아들이 나무에 대해 알아보는 중 나뭇잎이 숨을 쉰다는 사실에 흥미를 보여 확인할 수 있는 실험을 준비하였다.
"정말 물이 생겼어요!"
(나뭇잎 증산작용 실험: 나뭇잎 뒷면 기공으로 나뭇잎 속 물이 수증기로 나가게 되며 비닐에 물방울이 맺히게 된다.)

나무 그네타기

"나무에 줄을 연결하니 그네가 되었네!"
"나는 나무 위에 있을게~"
"줄을 뱅글뱅글 돌려줘."
유아들이 나무 오르기에 관심을 보였고 밧줄을 나무에 묶어주자 금세 그네타기가 시작되었다.

교사의 지원

- 유아들이 여름 숲의 변화를 느낄 수 있도록 상호작용하였다.
- 그림책을 통해 나무가 숨을 쉰다는 사실에 흥미를 보인 유아들이 실제 실험을 통해 확인할 수 있도록 적절한 증산작용 실험을 진행하였다.
- 유아들이 나무 오르기에 흥미를 보이자 교사가 지켜보며 안전하게 오를 수 있도록 하였다.
- 이후 유아들이 좀 더 다양하게 나무와 놀이를 할 수 있도록 밧줄을 묶어주었다.
- 유아들이 나무에 오르거나 그네를 탈 때 항상 안전에 유의하며 차례를 지킬 수 있도록 사전에 약속을 정하였다.

<여름에 피는 꽃이 있어요.>

봄에 다양한 꽃을 관찰하며 놀이했던 유아들은 여름이 되어 볼 수 있는 꽃에 관심을 보이기 시작했다. 그러면서 봄과 여름에 볼 수 있는 꽃이 다르다는 점을 알게 되었다.

금계국 향기 맡아보기

"이 꽃 이름은 뭐예요?"
"이 꽃의 이름은 금계국으로 여름에 피는 꽃이에요."
"여름에만 볼 수 있는 꽃이 있어요?"

금계국 꽃잎 붙여 얼굴 꾸미기

"이 꽃으로 어떻게 놀이할까?"
"내 얼굴에 붙여줘!"
"가만 좀 있어봐~"

나비가 되어 꽃가루 묻혀주기

"우리 지난 번에 나비 만들었던 거 기억나?"
"나비 만들어서 꽃가루 묻혀주자!"

교사의 지원

- 여름에 볼 수 있는 꽃에 대해 소개하고 이름을 알려주었다.
- 꽃잎으로 얼굴 꾸미기를 할 때 꽃이 상하지 않도록 조금만 떼기로 약속하였다.

3) 가을 놀이 따라가기

<놀이의 배경>

가을이 되어 또 한 번 옷을 갈아입은 알록달록한 가을 숲!

예쁜 색깔로 물든 단풍잎은 유아들에게 자연의 아름다움을 느낄 수 있도록 하며 즐거운 놀이 소재가 되기도 한다. 낙엽 위를 자유롭게 뒹굴기도 하고 하늘 높이 뿌려보며 깊어가는 가을을 만끽하게 된다.

<알록달록 단풍잎 놀이>

가을이 되어 나뭇잎 색깔이 바뀌자 유아들은 자연의 신비로움을 느끼며 호기심을 갖게 되었다. 또한 바닥에 가득 쌓인 낙엽은 유아들에게 매우 흥미로운 놀잇감이 된다.

우리들만의 단풍잎 모빌 만들기

"나뭇잎 색깔이 바뀌었어요!"
가을이 되어 단풍이 든 모습을 가장 먼저 발견한 유아가 큰 소리로 외치자 유아들이 노랗게 빨갛게 변한 나뭇잎에 관심을 가지기 시작했다.
"내 단풍잎 예쁘지?"
"선생님~ 조심하세요. 봉지가 터지지 않게요."
투명비닐에 찾아온 단풍잎을 넣고 물을 담자 가을 느낌이 가득한 예쁜 모빌이 완성되었다.

낙엽 날리기 놀이

"와~ 낙엽이 많이 떨어졌다!"
"우리 이거 날려보자~"
"으~ 내 머리에 하지 마!!"
바닥에 떨어진 낙엽을 한껏 모아 하늘 위로 뿌리며 웃음소리가 끊이지 않는다.

낙엽 침대

"나는 좀 쉴게~ 낙엽으로 덮어줘. 대신 얼굴에는 하지 마~"
"낙엽이 꼭 이불 같다. 따뜻해~"
"나는 침대에 누워 있는 것 같아~!!"

낙엽 제기

"낙엽을 높게 튕기려면 어떻게 해야 할까?"
"우리 같이 하나, 둘, 셋 하면 올리자!!"

숨바꼭질

"이번에는 보자기로 숨바꼭질 놀이하자. 이렇게 하면 못 찾겠지?"

교사의 지원

- 유아들이 가을이 되어 변하게 된 단풍잎에 관심을 갖도록 상호작용한다.
- 낙엽 날리기 활동을 할 때 돌멩이 등이 있을 수 있기 때문에 친구에게 직접 던지지 않도록 약속을 정하였다.
- 유아들이 낙엽을 잘 모아서 놀이할 수 있도록 보자기 천을 준비하여 제공하였다.

<나만의 빼빼로 만들기>

비가 온 다음 날 숲에 진흙이 군데군데 있었다. 교사는 유아들에게 진흙을 조심하라고 했지만 유아들은 진흙에 호기심을 보이며 놀이가 시작되었다.

빼빼로 만들기

"이렇게 하니까 빼빼로 같지?"
"어? 정말? 나도 만들어 볼래."
"너도 나뭇가지 가지고 와!"

"근데 너무 심심해. 빼빼토를 예쁘게 꾸며볼까?"
"단풍잎을 붙여서 초콜릿이라고 할까?"
"나는 딸기 가루라고 할래~"
"나는 치즈 가루~"

"빼빼로 가게 놀이할까?"
"그럼 좀 말렸다가 가게 놀이하자. 내가 주인 할래~!!"

교사의 지원

- 교사는 유아들에게 진흙이 위험하다고 생각했지만 유아들이 흥미를 보이자 놀이를 할 수 있도록 하였다.
- 유아들이 만든 빼빼로를 어떻게 하면 좋을지 질문해서 햇볕에 말린 후 빼빼로 가게 놀이까지 연계되도록 하였다.

4) 겨울 놀이 따라가기

<놀이의 배경>

겨울이 되면 누구나 첫눈을 기다리게 된다. 눈 오는 날의 숲에서는 다른 계절에서는 볼 수 없는 또 다른 놀이가 시작된다.

<새하얀 눈으로 만들어요.>

눈이 온 날 유아들과 숲에 가는 것을 위험하다고 생각할 수 있지만 오히려 유아들은 눈이 온 날 숲에 나가기를 더욱 기대한다. 눈으로 자유롭게 자신의 생각을 표현하는 유아들의 멋진 작품을 소개하고자 한다.

숲놀이 가는 등산로에 그림을 그려요.

숲으로 이동하는 중 바닥에 쌓인 눈에 관심을 보인 유아들과 잠시 걸음을 멈추고 눈 도화지에 그림을 그렸다.

천사 만들기

눈이 좀 더 쌓인 길에 한 유아가 바닥에 드러누워 팔 다리를 움직여 본다.
"이렇게 하면 천사 날개 같죠?"

참나무 낙엽으로 빗자루 만들어 쓸어보기

"와~ 나뭇잎 빗자루인데 진짜 잘 쓸어진다!"

눈으로 만든 나만의 멋진 작품 소개하기

바위 위에 온 눈을 쓸어 토끼와 곰 만들기

나무 그루터기에 쌓인 눈 위에 자연물을 꽂아 꾸며보기

눈을 모아 아이스케이크 만들기
"내 생일 케이크야. 생일 축하합니다~"

하트 사탕 만들기

울라프 눈사람 만들기

교사의 지원

- 겨울 숲에서 활동을 하기 위해서는 장갑, 목도리 등 보온용품을 사용하도록 한다.
- 유아들의 안전에 주의하여 눈 위에 누워 보거나 하는 등의 경험을 할 수 있도록 지원한다.

<겨울나기 준비>

겨울이 되어 앙상해진 겨울 숲에서 다른 동물들은 어떻게 살아갈까? 눈이 오고 날씨가 추운 겨울에는 새들의 먹이가 충분하지 않기 때문에 새들을 위한 먹이통을 준비해 보았다.

"우리가 새들 먹이를 준비해 주자."
"진짜 새들이 올까? 궁금하다!"

교사의 지원

- 유아들과 동물들의 겨울나기에 대해 이야기를 나누며 동물들을 위해 우리가 할 수 있는 일이 무엇일지 생각해 보도록 하였다.
- 새들이 먹을 수 있는 먹이와 먹이통을 준비하여 유아들이 직접 해 볼 수 있도록 하였다.

Chapter

4

유아 숲교육의 계획과 운영의 실제

1. 유아 숲교육 계획

유아들이 숲에서 마음껏 뛰어놀며 오감을 통해 자연과 교감하며 성장하도록 하기 위해서는 사전에 적절한 숲교육 계획을 세우는 것이 필요하다. 따라서 숲교육을 실행하고자 하는 유아교육기관에서는 유아들의 연령 및 발달, 숲교육을 실시하는 숲의 환경 등을 고려하여 숲교육을 계획해야 한다.

유아숲체험원의 경우 사전에 유아숲체험원 자체의 프로그램을 계획하여 운영하기 때문에 정기형 숲교육을 실시하는 유아교육기관의 경우 따로 숲교육 계획을 세우지 않기도 한다. 비록 유아숲체험원을 이용할 경우라 할지라도 유아 숲교육에 대한 계획을 세우는 것이 필요하다. 반면 매일형 숲교육을 실시하는 숲유치원은 반드시 숲교육에 대한 체계적인 계획을 세워야 한다.

1) 숲교육 운영방향 세우기

유아 숲교육에 대한 계획을 세우기 전 먼저 어떠한 운영방향을 가지고 숲교육을 실시할 것인가에 대해 논의하는 것이 필요하다. 다음의 내용을 통해 숲교육 운영방향에 대해 알아보고자 한다(이소영, 2018; 임재택 외, 2016).

(1) 가르치는 숲이 아닌 스스로 발견하고 배우는 숲이 되도록 한다.

숲은 유아들이 자유롭게 놀이하며 성장하도록 도와주는 장소이다. 교사들은 숲에서 유아들과 함께 지내다 보면 주제에 맞춘 활동을 진행해야 하거나 나무, 꽃, 곤충의 이름을 가르쳐주어야 할 것 같은 불안함과 압박감을 갖게 된다. 그러나 막상 유아들은 정확한 이름을 아는 것보다 자연물에 대한 흥미를 보이며 탐색하는 것을 즐기게 된다. 따라서 교사는 숲에서 만나게 되는 모든 자연물의 이름을 알려주거나 유아들에게 지식을 전달해야 한다는 생각에서 벗어나 유아들 스스로가 숲에서 자유롭게 즐길 수 있도록 하는 것이 필요하다.

따라서 교사는 유아들이 먼저 조그마한 것부터 스스로 발견하고 배워 나갈 수 있도록 충분한 시간과 공간을 제공해 주도록 한다. 교사가 한 걸음 뒤로 물러서서 유아들의 시선을 따라가다 보면 유아들이 스스로 배우는 모습을 발견할 수 있게 된다. 이러한 유아들의 능력을 믿고 교사는 가르치는 숲이 아니라 배우는 숲이 되도록 해야 한다.

(2) 보여주는 숲이 아닌 유아들이 마음껏 즐기는 숲이 되도록 한다.

교사는 일반적으로 유아들과 활동을 진행할 때 무엇인가 결과물을 만들어 내야 한다는 부담을 갖게 된다. 숲에서 지낼 때도 마찬가지로 교사는 숲에서 활동한 결과물을 화려하게 완성하여 가정으로 보내야 될 것 같다고 생각한다.

그러나 숲에서는 결과물보다는 과정을 중요하게 여겨야 한다. 숲은 유아들이 모든 감각을 통해 자연을 느끼고 자유롭게 놀이하는 곳이다. 또한 유아들이 놀이하는 과정 중에 사용하게 되는 자연물 중에는 집으로 가져갈 수 없는 것들도 있으며 자연에 돌려주는 것이 유익하다. 예로 가을에는 떨어진 낙엽을 이용하여 미술활동 등을 하게 되는데 낙엽은 거름이 되거나 겨울철 곤충의 집이 되기도 한다.

따라서 교사는 누군가에게 보여주기 위한 숲교육을 실시하기보다는 유아들이 숲을 자유롭게 느끼며 놀이할 수 있는 숲이 되도록 해줘야 할 것이다.

(3) 일회적인 숲이 아닌 생활하는 숲이 되도록 한다.

도시에서 자란 유아들은 숲을 체험할 기회가 많이 없기 때문에 숲을 낯선 공간으로 느끼며 적극적으로 탐색하는 데 어려움을 보이기도 한다. 유아들이 보다 숲을 친숙하게 느끼고 숲에서 자유롭게 놀이할 수 있도록 하기 위해서는 숲을 자주 경험할 수 있는 기회를 제공하는 것이 필요하다. 이를 위해 유아교육기관에서는 가급적 유아들이 자주 숲에 갈 수 있도록 해야 한다. 그러나 단순한 일회성 숲교육은 유아들이 충분히 숲을 느끼기에 부족하다. 따라서 한 달에 한 번 숲을 찾는 것보다는 한 주에 한 번, 한 주 한 번보다는 매일 숲을 방문하는 것이 더욱 좋다. 그러나 유아교육기관의 형편에 따라 매일 방문하는 것이 어려울 수 있기 때문에 상황에 따라 그러나 기본적인 방향은 보다 자주 유아들이 숲을 방문할 수 있도록 하는 것이 필요하다.

(4) 이용하는 숲이 아닌 더불어 살아가는 숲이 되도록 한다.

유아들에게 실시하는 숲교육은 숲을 교육의 대상으로 이용하는 것이 아니라 유아들이 더불어 공존하고 상생하는 숲으로 인식할 수 있도록 해야 한다. 최근 우리는 환경오염으로 인해 다양한 위험 속에 살아가고 있으며 점점 자연을 잃어버리고 있다. 이러한 상황 속에서 유아들이 자연을 예민하고 민감하게 받아들이며 함께 더불어 살아가는 방법을 익힐 수 있도록 교육해야 할 필요가 있다. 따라서 유아들이 숲에서 만나게 되는 작은 생명체도 소중히 여기고 조화롭게 살아가는 지혜를 갖고 자랄 수 있도록 교육하는 것이 필요하다. 이를 위해 유아들 수준에서 자연물을 소중히 여기고 쓰레기를 숲에 버리지 않는 등의 약속을 이해하고 지킬 수 있도록 지도할 필요가 있다.

2) 유아 숲교육 계획하기

유아들이 숲에서 자유롭게 숲을 느끼며 자라게 하기 위해 자유롭게 놀이할 수 있도록 하는 것도 중요하지만 기본적으로 어떻게 숲교육을 실시할 것인지에 대한 계획을 세우는 것도 필요하다.

숲에서 가장 좋은 주제는 봄, 여름, 가을, 겨울의 사계절이다(임재택 외, 2016). 유아들이 숲에서 지내다 보면 자연스럽게 계절의 변화를 느낄 수 있기 때문에 실제 진행하기에 가장 좋은 주제라고 할 수 있다. 이 외에도 교사는 '지금 여기(here and now)'를 살아가는 유아들의 흥미를 반영하여 숲교육을 계획해야 한다. 그러나 숲유치원에서 진행되는 숲교육은 사전에 교사주도로 이루어지는 교육과는 다른 개념이다(신지연 외, 2019). 즉, 숲유치원에서의 교육계획은 날씨와 사계절 자연의 흐름 안에서 유아들이 즐겁게 놀이하면서 자연과 조화롭게 살아가는 방법을 배울 수 있도록 해야 한다.

다음은 숲유치원에서 사계절에 따라 진행할 수 있는 교육계획의 예시이다.

[표 4-1] **숲유치원 연간 교육계획안 예시**

계절	월	주제	숲활동 내용
봄	3	숲은 우리의 친구/ 만남	• 숲에서 선생님, 친구들과 인사 나누기 • 숲유치원을 둘러보아요. • 숲에서 새싹 찾기, 자연의 소리 듣기 • 봄이 왔음을 알리는 다양한 신체놀이와 게임
	4	봄	• 봄 숲의 변화와 생명이 깨어나는 것을 느끼기 • 봄꽃 만나기(꽃다지, 꽃마중, 제비꽃, 냉이, 개나리, 진달래, 살구, 목련, 라일락 등) • 봄 나무 만나기(아까시나무, 벚나무 등)
	5	봄의 꽃, 곤충, 동물	• 새 둥지 찾아보기 • 나비-나비의 한살이, 나비 애벌레 관찰하기, 자연물로 나비 만들기, 한살이 표현 게임하기 • 개미, 벌 등 관찰 • 개구리 한 살이 관찰 • 봄의 곤충과 동물을 주제로 한 놀이와 게임
여름	6	여름 나뭇잎, 매미	• 여름 숲의 변화와 기운 느끼기 • 나뭇잎 관찰 및 나뭇잎으로 얼굴 만들기 • 나뭇가지로 놀이하기 • 매미의 한살이 이해하기 • 매미 관찰 및 소리 들어보기 • 매미 허물 붙이고 떨어뜨리기 게임
	7	물, 수생곤충	• 물의 순환에 대한 이야기 나누기 • 물 웅덩이 만들기, 물총 놀이, 비눗방울 놀이 • 수생곤충 종류 알아보기(물방개, 게아재비, 물장군, 소금쟁이 등) • 수생곤충 관찰해 보기
	8	지렁이, 버섯	• 지렁이와 관련된 생태동화 듣기 • 지렁이 관찰 및 지렁이 만들기 • 버섯 종류 알아보기 • 자연물을 활용한 버섯 만들기 • 버섯 메모리 게임

계절	월	주제	숲활동 내용
가을	9	가을 꽃, 가을 곤충	• 가을 꽃(코스모스, 국화, 산국, 벌개미취, 구절초, 쑥부쟁이 등) 관찰과 놀이 • 메뚜기, 잠자리, 귀뚜라미 등 가을 곤충 관찰 및 놀이
	10	단풍, 열매, 씨앗	• 나뭇잎의 변화에 대해 알아보기 • 하늘 거울을 이용하여 단풍길 걷기 • 가을 열매로 밥상 차리기 • 씨앗의 여행(씨앗의 번식 방법)
	11	겨울 준비	• 겨울잠을 자는 동물 알아보기 • 겨울잠 자는 동물 찾기 게임
겨울	12	추위, 눈, 겨울	• 겨울 숲의 변화와 기운 느끼기 • 눈싸움, 눈사람 만들기
	1	얼음	• 서리 결정체 관찰 • 썰매타기
	2	겨울 숲 탐험, 숲과 인사 나누기	• 겨울 동물 발자국 찾기 • 겨울 나무 관찰하기 • 로제트 식물 찾아보기 • 숲 친구에게 감사인사 전하기

출처: 신지연 외(2019). 행복한 미래교육 한국 숲유치원. p. 152~156.

2. 유아 숲교육 운영의 실제

유아 숲교육을 위해 교사는 사전에 계획한 내용에 따라 적절하게 운영할 수 있어야 한다. 이번 장에서는 구체적으로 '숲에 들어가기 전', '숲 가는 길', '숲에서', '숲을 다녀와서'로 나누어서 구체적으로 교사가 어떤 역할을 해야 하는지 살펴보고자 한다. 이를 위해 유치원 · 어린이집에서 실천할 수 있는 숲유치원 운영 매뉴얼(임재택 외, 2016) 내용을 중심으로 알아보고자 한다.

1) 숲에 들어가기 전

유아 숲교육을 위해서 교사와 유아가 사전에 준비해야 할 사항이 있다. 여기서 살펴볼 내용은 유아들과 함께 진행하는 숲교육의 형태가 매일형인지, 정기형인지와 상관없이 공통적으로 숲교육을 진행하기 위해 사전에 점검하고 준비해야 할 내용이다. 구체적으로 교사와 유아가 준비해야 할 내용이 무엇인지 나누어서 살펴보고자 한다.

(1) 교사의 준비

① 숲 생태에 대한 이해

유아들과 숲교육을 진행하기 위해 교사가 준비해야 할 사항 중 가장 기본은 교사 스스로 숲교육의 중요성에 대해 이해하고 숲을 아끼는 마음일 것이다. 또한 숲의 생태에 대해 이해하고 배우고자 하는 태도를 갖는 것도 중요하다. 따라서 교사는 유아들과 방문하게 되는 숲을 사전에 방문하고 어떤 식물과 곤충들이 있는지 확인하여 기초적인 정보에 대해서는 공부하도록 한다. 유아들에게 숲을 해설하거나 식물과 곤충의 이름을 외우게 할 필요는 없지만 교사가 알려주는 지식이 유아들의 숲활동을 더욱 확장시키거나 심화시킬 수 있음을 기억해야 한다.

숲으로 가기 전 교사는 숲 생태 관련 연수나 책을 통해 기초적인 지식을 쌓도록 하며 숲 생태의 변화에 대해 지속적인 관심을 갖도록 한다.

② 안전지침 및 응급처치에 대한 이해

유아 숲교육을 실시할 때 교사들이 가장 염려하는 부분 중 하나가 안전사고일 것이다. 유아들에게 숲은 매우 즐거운 공간이지만 안전규칙을 지키지 않을 경우 안전사고가 발생할 위험이 높다. 교사는 사전에 숲에서 일어날 수 있는 다양한 안전사고에 대비하여 어떻게 대처하는 것이 바람직한지에 대하여 바르게 알고 있어야 한다. 따라서 교사는 안전교육 세미나 등에 참여하여 응급처치 방법에 대한 교육을 정기적으로 받도록 한다. 특히 전문가에 의해 직접 실습을 병행하여 안전교육을 받는 것이 바람직하다.

숲에서 발생할 수 있는 안전사고 유형과 그에 따른 대처방법에 대한 내용은 5장에 구체적으로 안내하였다.

③ 날씨 및 교사 준비물 확인

숲에 가기 전 날씨를 점검하는 것은 필수적이다. 특히 날씨에 따라 교사나 유아가 갖추어야 할 복장이 달라질 수 있기 때문에 미리 점검하는 것이 필요하다. 특히 비가 내리거나 날씨가 추운 겨울에는 비옷, 장화, 두꺼운 점퍼, 방한용품 등을 갖추어야 하기 때문에 사전에 잘 확인하도록 한다.

미세먼지가 많은 날에는 숲활동에 제한이 될 수도 있다. 물론 독일에서는 '미세먼지가 많은 날에는 숲으로 가라'라는 말이 있을 정도로 숲이 미세먼지를 걸러주는 자연공기청정기 역할을 하기도 한다(신지연 외, 2019). 따라서 오히려 실내보다 숲이 더 안전할 수도 있다는 주장이 있지만 미세먼지가 많은 날 야외 활동을 하는 것에 대한 우려를 갖고 있는 부모들도 있다. 이에 따라 최근에는 직접 미세먼지측정기를 구입하여 유아들이 활동을 진행할 숲의 미세먼지를 측정하기도 한다. 미세먼지는 시간과 장소에 따라 달라질 수도 있기 때문에 직접 측정하여 숲활동을 진행하는 것도 필요하다.

또한 숲으로 가기 위해 교사는 적절한 복장과 필요한 준비물을 사전에 점검하고 준비해야 한다. 특히 유아들과 숲에서 활동을 하기 위해 필요한 자료가 있을 경우에는 사전에 철저히 점검하여 유아들의 활동에 영향을 주지 않도록 해야 한다. 교사가 갖추어야 할 적절한 복장과 필수적으로 필요한 준비물에 대해서는 6장에서 자세히 살펴보도록 한다.

(2) 유아와 함께하는 준비

① 유아의 건강 및 준비물 확인

유아들이 아침에 등원하면 교사는 유아와 인사를 나누며 유아의 건강 상태를 반드시 확인해야 한다. 유아들의 경우 자신의 몸 상태에 대해 정확하게 표현하는 데 어려움이 있기 때문에 교사가 세심하게 살펴봐야 한다.

숲에 가기 위해서 유아들 역시 적합한 복장과 준비물들을 점검하는 것이 필요하다. 그리고 자신의 복장(계절에 적합한 옷)과 준비물(가방, 물, 간식 등)을 스스로 점검하고 챙길 수 있도록 지도한다. 숲에 갈 준비를 마친 후에는 반드시 화장실에 다녀오는 것이 필요하다. 숲에서는 생리적인 문제를 해결하는 데 한계가 있을 수 있기 때문에 유아들 모두 화장실에 다녀오도록 한다. 또한 출발하기 전 유아들이 준비한 선크림이나 모기퇴치제 등이 있는 경우 유아교육기관에서 바르도록 한다.

② 하루 일과 소개

숲에 가기 전 오늘 숲에서 어떤 것들을 보게 될지, 어떤 놀이를 하고 싶은지 등에 대해 이야기를 나누어서 유아들이 숲에서 주체적으로 활동을 할 수 있도록 한다. 특히 사전에 오늘 하루 일과를 소개하는 시간을 통해 유아들이 하루를 예측할 수 있도록 하는 것은 안전사고를 예방하는 측면에서도 중요하다. 따라서 숲에 가기 전 이야기 나누는 시간을 갖는다.

③ 안전교육 및 안전규칙 확인

숲은 유아들에게 좋은 자원이 되며 즐거운 놀이터이지만 안전규칙을 지키지 않을 경우 위험할 수 있다. 따라서 유아들과 사전에 충분한 안전교육을 실시하여 유아들 스스로 안전과 관련한 규칙을 지킬 수 있도록 지도하는 것이 필요하다. 유아들이 처음 숲에 가게 될 경우에는 교사가 지도해야 할 안전규칙이 많지만 숲에 익숙해지면 유아들 스스로 규칙을 지키며 놀이할 수 있게 된다.

숲에서 유아들이 지켜야 할 안전규칙은 유아들의 연령과 숲(숲체험원)의 특성에 따라 달라질 수 있으나 일반적으로 다음과 같은 안전규칙을 지도할 수 있다.

- 숲에서 이동할 때는 선생님보다 먼저 가지 않는다.
- 선생님이 보이지 않는 곳으로 너무 멀리 가지 않는다.
- 선생님 목소리가 들리지 않는 곳으로는 가지 않는다.
- 갈림길에서는 선생님이 올 때까지 기다린다.
- 숲에서 나무 막대기를 주워서 놀 때 친구를 향해서 휘두르지 않는다.
- 숲에서 가지고 놀이하는 막대기는 자신의 팔보다 길지 않은 것을 선택한다.
- 숲에서 친구를 밀지 않는다.
- 숲길에서는 친구와 손을 잡지 않고 혼자 걷는다.
- 낭떠러지나 비탈진 곳, 늪 · 웅덩이에는 가지 않는다.
- 숲의 자연물들을 함부로 꺾거나 훼손하지 않는다.
- 숲에서 보게 되는 열매나 버섯, 물 등은 함부로 만지거나 먹지 않는다.

숲에서 지켜야 할 안전규칙에는 유아들이 지켜야 할 규칙만 있는 것은 아니다. 교사들이 유아의 안전과 놀이중심 숲교육을 진행하기 위해 기억하고 지켜야 할 규칙은 다음과 같다(신지연 외, 2019).

- 숲교육 활동 중 유아들을 지켜볼 수 있는 범위에서 이탈하지 않는다.
- 숲교육 활동 장소나 설비의 안전상태를 점검한다.
- 구급약을 준비하고 응급상황에 대처할 준비를 한다.
- 유아들에게 자유와 여유를 준다.
- 유아들이 스스로 배울 수 있도록 한다.
- 충분히 자연을 느끼고 탐색할 시간을 제공한다.
- 너무 많은 약속을 정하지 않는다.
- 유아들의 궁금증은 스스로 해소할 수 있게 조력한다.
- 유아들의 리듬에 맞추어 활동을 진행한다.
- 있는 그대로의 자연을 지키고 보존한다.
- 가지고 논 자연물은 제자리에 돌려준다.
- 쓰레기는 가지고 돌아온다.

2) 숲 가는 길

유아들은 숲으로 이동하며 만나게 되는 숲의 다양한 모습을 통해 생명의 신비함과 자연의 소중함을 느끼게 된다. 이처럼 숲을 오고 가는 시간은 단순히 물리적 이동만을 의미하지 않는다. 따라서 교사는 유아들이 숲을 느끼고 관찰할 수 있도록 적절한 시간을 제공하며 이동하는 것도 필요하다.

[사진 4-1] 숲으로 이동하는 유아들

(1) 걸어서 숲으로 이동하기

유아교육기관에서 숲이 있는 곳까지 차를 이용하여 이동하지만 하차한 이후 15~20분 정도는 유아들이 직접 걸어서 이동할 수 있도록 한다. 요즘 유아들의 경우 많이 걸어다닐 기회가 없는데 숲길을 걸어가는 경험은 유아들의 건강증진에 도움이 될 수 있다. 또한 유아들이 직접 숲길을 걸어가며 자연의 변화를 느낄 수 있다.

(2) 다양한 길을 통해 이동하기

유아들과 숲으로 이동할 때 매일 똑같은 길을 다니게 되면 유아들은 지루함을 느낄 수 있다. 따라서 교사는 숲으로 갈 수 있는 다양한 코스를 찾아서 여러 길로 숲을 걸어볼 수 있는 경험을 제공하도록 한다. 숲에서 돌아올 때도 곧장 내려오거나 숲 둘레를 한 바퀴 돌기, 동네를 통과해서 내려오기 등 다양한 길을 선택해 보도록 한다. 그리고 유아들이 숲으로 가고 오는 길을 다양하게 선택할 수 있도록 하는 것도 좋다.

이 외에도 유아들과 숲길을 다니다 보면 일정 구간은 사람들의 통행이 적어서 유아들이 자유롭게 다닐 수 있는 길을 만나게 된다. 때로는 유아들과 나비처럼 또는 토끼, 거북이처럼 걸어보기, 언덕길을 기어오르거나 미끄럼을 타며 내려오기 등 다양한 방법을 시도해 볼 수도 있다. 이와 같은 경험을 통해 유아들의 대근육이 발달하고 즐거움을 느끼게 된다.

[사진 4-2] 나무 위를 걸어가는 유아들

(3) 중간중간 쉬면서 이동하기

숲길을 가다가 잠깐 멈추고 잠시 즐길 수 있는 시간을 제공한다. 유아들의 경우 걷는 속도가 모두 다르기 때문에 중간에 쉬는 시간을 통해 빨리 도착한 유아는 한숨 돌리고 뒤따라오는 유아들을 기다려 준다. 교사는 쉬는 시간 동안 모든 유아들이 안전하게 도착하는지 확인하고 유아의 인원을 꼼꼼하게 점검하는 것이 필요하다.

(4) 숲의 변화를 느끼며 이동하기

일 년 동안 같은 숲을 방문하다 보면 계절에 따라 달라지는 숲의 모습을 관찰할 수 있다. 특히 숲길에서 만나는 곤충, 꽃, 새, 다양한 사람들 모두 유아들에게는 관심의 대상이 된다. 따라서 교사는 숲길을 걸어가는 동안 여유를 가지고 유아들의 만남과 발견에 대해 존중하도록 한다. '지난번에 숲에 왔을 때와 어떤 점이 달라졌니?', '오늘 새롭게 발견한 것은 무엇이니?' 등과 같은 질문을 통해 유아들의 탐구를 격려하고 숲에 대한 흥미를 갖도록 한다. 이때 교사는 유아들의 발견에 관심을 가지고 적극적으로 상호작용하도록 한다.

3) 숲에서

숲에 도착한 후 유아들은 자연을 탐색하며 자유롭게 놀이를 진행하거나 교사와 함께 특정 주제에 대해 알아보고 관련한 활동을 진행할 수 있다.

유아숲체험원에서는 유아숲지도사에 의해 수업이 진행되며 전형적인 숲유치원은 담임교사가 수업을 진행하기 때문에 숲에서 유아들이 자유롭게 놀이하고 활동에 참여하지만 차이가 있을 수 있다. 숲에서 유아들이 어떻게 지내며 어떤 경험을 하게 되는지는 유아숲체험원과 숲유치원에 따라 설명하고자 한다.

(1) 이야기 나누기 및 간식 먹기

[사진 4-3] 오디 간식을 먹는 유아들

숲에 도착한 후 다시 한 번 유아들의 인원을 점검하고 유아들의 가방을 정리하고 이야기를 나누는 곳에 모이도록 한다. 유아교육기관에서도 오늘의 주제에 대한 이야기를 나누었지만 다시 한 번 유아들과 오늘 하루 일정에 대해 이야기를 나누며 하루를 예측하고 흥미를 갖도록 한다. 이 외에도 주제와 관련된 동화를 들려주거나 새 노래를 알려주고 불러볼 수도 있다. 또한 숲에서 안전하게 지내기 위해 지켜야 할 약속에 대해 이야기 나누거나 체조를 하도록 한다. 특히 아침에는 유아들도 몸이 완전히 풀리지 않아서 넘어지는 등의 안전사고가 발생할 수 있기 때문에 체조 시간을 꼭 갖도록 한다. 유아숲체험원을 방문한 경우에는 이와 같은 활동을 유아숲지도사와 함께 진행할 수 있다.

유아숲체험원에 방문한 경우는 보통 간식을 따로 먹지 않는 경우가 많지만 숲유치원에서는 간식을 준비해서 함께 먹는 시간을 갖게 된다. 유아들이 가정에서 간식을 직접 준비해 올 경우 사전에 안내를 통해 숲에서 먹기 적합한 간식을 준비해

오도록 한다. 유아들에게 적합한 간식에는 고구마, 빵, 견과류, 과일, 채소 등이 있다. 무엇보다 유의해야 할 점은 단맛이 강한 간식의 경우 다양한 곤충이 모여들 수 있기 때문에 피하도록 한다.

(2) 자유놀이

유아들이 숲에서 가장 좋아하는 시간으로 자연을 느끼며 자유롭게 놀이를 할 수 있도록 한다. 이때 교사는 유아들이 놀이에 참여할 수 있도록 격려하며 안전사고가 일어나지 않도록 잘 살피도록 한다. 또한 유아들 스스로 안전하게 놀이할 수 있도록 유아들이 놀이하는 장소가 안전한지 점검하고 지켜야 할 약속에 대해 사전에 유아들과 이야기를 나눈다. 숲에서 유아들이 자유롭게 놀이할 수 있는 시간을 제공하는 것은 2019 개정 누리과정에서 강조하는 유아 중심 · 놀이 중심의 방향과도

[사진 4-4] 숲에서 자유롭게 놀이하는 유아들

같다. 따라서 교사는 자유놀이시간에 유아들의 놀이를 관찰하고 유아들의 놀이에 필요한 적절한 지원을 해야 한다. 숲에서 유아들이 할 수 있는 놀이에는 나무 오르기, 소꿉놀이, 나무집 만들기, 비탈길 오르내리기, 밧줄놀이, 흙놀이, 자연물로 그림그리기 등이 있다(신지연 외, 2019).

숲에서 활동을 진행할 때 교사가 놀이에 참여해야 하는 상황 (신지연 외, 2019)

① 유아가 숲에서 친구나 어떠한 자연물에도 관심 없이 배회하거나 소외되어 있을 때 교사는 유아에게 함께 놀이를 제안할 수 있다. 교사는 유아가 잘 참여하지 못하는 이유를 파악하여 적절한 지원을 하는 것이 필요하다. 특히 친구와 어울리는 것을 어려워할 경우 교사는 유아와 함께 놀이하며 친구와 놀이하고 싶을 때는 어떻게 이야기하며 참여해야 하는지 등을 보여줄 수 있다. 또한 유아와 함께 자연물을 관찰하고 상호작용하여 유아가 관심을 가질 수 있도록 한다.

② 유아가 놀이를 하는 중 도움을 요청할 때 개입한다. 예로 유아가 나무에 오르기 활동을 하며 도움을 요청할 때 교사는 적극적으로 도움을 주도록 한다. 특히 안전과 관련된 상황에서는 교사가 반드시 개입해야 하지만 교사의 지나친 개입이 되지 않도록 유의할 필요도 있다. 때로는 교사가 개입하지 않고 유아가 용기를 갖고 스스로 활동할 수 있도록 격려해줄 수 있다.

③ 유아가 더 높은 수준의 사고를 경험할 수 있는 학습이 필요할 때, 예로 유아들이 자기들만의 아지트를 만들기 원할 때 유아들이 다양한 재료나 방법으로 만들어 보는 방법을 생각해 보게 할 수 있다. 이때 교사는 유아의 수준에 따라 새로운 정보를 제공하거나 적절한 질문 등을 통해 유아들 스스로 다양한 사고를 할 수 있도록 한다.

④ 유아가 교사를 놀이에 초대할 때 놀이에 참여하도록 한다. 교사가 유아의 놀이에 참여할 경우 유아들은 교사와 따뜻하고 즐거운 상호작용을 경험하게 되며 보다 친밀한 관계를 형성할 수 있다. 또한 교사에게 자연물을 아끼며 소중히 여기는 태도 등을 자연스럽게 배울 수 있게 된다.

(3) 대 · 소집단 활동

대 · 소집단 활동은 교사의 사전 계획에 따라 진행되는 활동으로 유아들의 관심과 흥미를 반영하여 진행한다. 교사는 계절이나 주제 등을 고려하여 유아들에게 필요한 적절한 활동을 제공하도록 한다. 대표적으로 숲에서 볼 수 있는 식물이나 곤충 관찰, 자연물을 활용한 미술활동, 신체활동 등을 진행할 수 있다.

유아숲체험원의 경우에는 유아숲지도사가 활동을 사전에 계획하기 때문에 다양한 활동을 위주로 진행하게 되지만 숲유치원에서 숲교육을 실시할 때는 교사의 계획된 활동보다는 유아들이 숲에서 자유롭게 놀이하는 시간을 제공하는 것이 좋다. 놀이시간을 제공하는 것이 좋다는 의미가 대 · 소집단 활동을 하지 말라는 의미는 아니므로 교사가 융통성을 발휘하여 적절한 대 · 소집단 활동을 진행한다.

다음은 유아숲체험원에서 '열매'를 주제로 유아숲지도사가 계획한 활동의 예시이다.

[표 4-2] **'가지각색 열매를 찾아서' 활동 예시**

활동명	가지각색 열매를 찾아서
교육시기	가을
시 간	90분
준비사항	여러 종류의 열매, 보자기, 비밀 주머니
진행내용	① 도입 - "가을이 되면 식물들에게 어떠한 변화가 일어날까요?" 질문을 던지며 집중시킨다. - "숲속에 있는 여러 종류의 열매를 찾아 재미있는 게임을 해볼까요?"라고 하면서 흥미를 갖게 한다. ② 전개 - 열매는 언제 열리고 어떻게 생기는지 설명한다. - 열매가 생기는 이유와 역할을 이해시킨다. - 장소를 지정해 준 후 열매 달린 나무를 찾아보고 종류별로 수집하도록 한다. - 수집해 온 열매가 어떤 종류의 열매인지 이야기한다(잣방울, 솔방울, 도토리열매, 메타세콰이어 열매, 밤송이, 단풍나무 열매 등) 우리가 먹는 열매의 부위는 어디에 들어 있는지 찾아보고 실생활에는 어떻게 이용하는지 설명한다.

진행내용	- 같은 과의 열매들은 같이 설명하고 서로의 특징을 설명한다. - 날개가 달려 멀리 날아갈 수 있는 단풍나무 종자를 날려본 후 빨리 찾아오는 활동을 한다. - 지금까지 배운 열매를 보자기 위에 올려놓고 비밀 주머니에도 같은 종류의 열매를 넣고 열매 알아맞히기 게임을 한다(보자기에 준비한 열매 세트를 올려놓고 비밀 주머니에도 똑같은 모양의 열매 세트를 넣고 돌아가며 한 아이씩 비밀 주머니에 손을 넣고 하나의 열매를 집어 만져 본 후 보자기 위에 나열된 열매 중에서 찾는 게임). ③ 마무리 - 수집해 온 열매들을 다시 숲 속으로 보내주는 것으로 마무리한다. ④ 기대효과 - 식물에 있어서 열매의 중요성을 깨닫게 하고 식물이 얼마나 우리 생활에 유용한지를 일깨운다. ⑤ 주의사항 - 모양이 날카롭게 생긴 열매에 대해 사전에 미리 주의를 준다. - 비밀 주머니에 손을 넣고 열매 맞추기 게임을 할 때에 다칠 수 있는 위험한 열매는 넣지 않는다.

출처: 국립수목원(2011). 유아 · 미취학아동 및 초등학생을 위한 산림체험프로그램. p. 51~52

[사진 4-5] 숲에서 진행된 다양한 활동

(4) 놀이 정리하기 및 마무리 모임

유아들이 숲에서 활동을 한 후에는 반드시 주변을 정리하는 시간을 가져야 한다. 유아들이 가지고 놀이한 자연물, 도구(관찰도구, 모종삽 등) 등을 정리해야 한다. 특히 숲에서 놀이한 자연물의 경우 원래 숲에 있었기 때문에 정리하지 않아도 된다고 생각하기 쉽지만 자연물들도 가급적 정리하는 것이 좋다. 또한 놀이를 하며 발생하게 된 쓰레기가 있을 경우에도 반드시 정리하도록 한다.

마무리 모임을 하기 전 교사는 유아들이 다친 곳은 없는지 확인하고 유아들의 복장 등을 정리할 수 있도록 한다. 유아가 가지고 온 준비물이나 겉옷 등을 잘 확인해서 빼놓고 가지 않도록 세심하게 살피는 것이 필요하다. 또한 오늘 진행했던 놀이와 활동에 대해 회상하고 평가하며 다음날 또는 다음주의 활동을 소개하는 시간을 갖는다. 이러한 과정을 통해 유아들은 오늘 진행했던 주제에 대해 더욱 잘 이해할 수 있으며 다음의 활동을 준비하는 마음을 가질 수 있다.

4) 숲을 다녀와서

숲에서 안전하게 유아교육기관에 돌아오는 것도 중요하지만 그걸로 모든 활동이 끝나는 것은 아니다. 즉, 유아들과 오늘의 활동을 회상해보고 새로운 계획을 세우거나 관련된 다른 활동들과도 연계하여 진행하는 것이 필요하다.

(1) 정리하고 휴식하기

숲에서 돌아온 후에는 외투, 가방 등을 유아 스스로 정리하고 화장실에 다녀오도록 한다. 유아교육기관에 도착한 시간에 따라 달라질 수 있으나 점심을 먹기 전에 도착한 경우에는 점심을 먹도록 한다. 이후에는 낮잠을 자거나 휴식을 취하는 시간을 제공하도록 하여 마음의 안정을 취하도록 한다.

(2) 이야기 나누기

숲을 다녀온 후에도 유아들과 이야기 나누는 시간을 갖는 것이 좋다. 오늘 숲에서 무엇을 보고, 느끼고 어떤 놀이를 했는지 등에 대해 이야기를 하며 숲에서 있었던 일을 회상한다. 또한 숲에서 새롭게 발견한 내용을 소개하거나 다음에 숲에 가서 더 알아보고 싶은 내용이 무엇인지 등에 대해서도 이야기를 나눌 수 있다.

(3) 추후활동 진행하기

[사진 4-6] 숲에서 주워 온 도토리를 활용한 다람쥐와 도토리

숲에서 유아들과 활동을 진행한 주제나 새롭게 발견하고 흥미를 보인 곤충이나 식물 등이 있을 경우 교실에서 도감이나 백과사전을 통해 직접 찾아보도록 한다. 이러한 과정을 통해 유아들은 궁금한 내용을 어떻게 탐구해 나가는지에 대한 방법을 알아가게 된다.

이 외에도 교사는 숲에서 유아들이 경험한 내용을 유아교육기관에서도 지속하여 경험할 수 있도록 다양한 활동을 계획하여 진행할 수 있어야 한다. 예를 들어 유아들이 봄에 쑥을 캐온 경우 유아교육기관에 돌아와서 쑥버무리를 만들어 보는 요리활동을 할 수 있다. 또한 유아숲체험원에서 거미에 대해 알아보고 왔을 경우 유아교육기관에서도 거미를 주제로 미술(거미줄과 거미 만들기), 게임(거미 먹이 잡기) 등의 활동을 진행해 볼 수도 있다. 이와 같이 교사는 다양한 추후활동을 계획하여 숲에서의 유아 경험과 주제에 대한 이해가 더 심화될 수 있도록 지원해야 한다.

Chapter

5

숲 생태의 이해

1. 풀꽃 친구들

봄꽃 친구들은 꽃샘추위가 남아 있는 추운 날씨인데도 이른 봄에 꽃을 피워요.

지혜롭게 로제트로 추운 겨울을 지낸 결과이지요.

위에서 내려다보면 장미꽃처럼 보이는  로제트는 추운 겨울 온몸을 바닥에 펴서 차가운 바람을 피하고 햇볕을 받아서 온몸을 따뜻하게 데우며 지낸답니다.

나무가 잎을 내어 햇볕을 가리기 전에 꽃을 피우고 씨앗을 맺기 위한 전략이라지요.

풀들은 햇볕의 따뜻한 생명에너지를 영양분으로 받아 꽃을 피우고 씨앗을 만들어 번식을 하지요.

나무가 열매 맺는 가을은 9~10월쯤이지만 풀들이 열매 맺는 가을은 5~6월쯤이지요.

그래서 24절기 중 망종이 있는 5월을 풀씨의 가을이라고도 한답니다.

나무보다 여리고 작은 풀들이지만 자신만의 지혜로 자신의 때에 맞게 살아가고 있지요. 질경이는 다른 풀과 경쟁을 하지 않으려고 사람이 많이 다니는 길에서 자라면서 강인함을 보여주고, 사람의 발에 씨앗을 붙게 하여 멀리 이동하며 번식하는 지혜를 보이고요. 민들레는 씨앗이 익을 때 꽃대를 높이 올려 바람을 잘 이용하지요.

그럼 풀꽃 친구들이 어떻게 멋지게 살아가고 있는지 알아보기로 해요.

(1) 남산제비꽃

이른 봄에 전국 각지에서 흰색의 꽃을 볼 수 있다.

20cm의 키로 자라는 여러해살이풀이다.

여름에는 광합성을 활발히 하기 위해서 잎을 넓게 키운다.

꽃을 피울 때 많은 에너지가 필요하므로 여름부터는 꽃을 피우는 수고를 덜고 폐쇄화를 만들어 번식력을 높이는 전략을 쓰기도 한다.

익은 씨방은 세 갈래로 터져 씨앗을 멀리 보낸다. 씨앗에 지방 성분인 엘라이오솜(elaiosome)을 만들어 개미에게 선물로 주고 씨앗의 이동을 부탁하는 지혜를 볼 수 있다. 개미들은 엘라이오솜을 애벌레에게 먹이고 씨앗은 집 근처에 버려서 제비꽃의 이동과 번식을 돕는다.

▲ 3월 초 꽃을 피운 남산제비꽃

▲ 5월에 만난 여름 잎

▲ 8월에 만난 열매

▲ 11월에 만난 씨앗 (얼기 전까지 번식을 하는 모습)

(2) 냉이

우리나라 산이나 들에서 자생한다.

특유의 향으로 봄의 대표적인 식재료이다.

하트 모양의 열매 주머니로 '사랑해~'라고 말한다.

▲ 로제트로 겨울을 지낸 지혜로운 냉이

▲ 하트 모양의 씨앗 주머니

▲ 냉이 튀김 만들기

▲ 봄나물 도감을 만들어요

▲ 꽃다지로 꾸미기 놀이한 작품

(3) 개망초

북아메리카 원산지로 우리나라 전역에 자라는 두해살이풀이다.

1m 정도의 키로 길가나 경작지 주변에서 볼 수 있다.

타감작용(생화학적 물질을 분비하여 다른 생물체의 생식에 영향을 주는 생물학적 현상)을 하여 다른 풀들이 자라지 못하게 하여 군락을 이룬다.

▲ 2월 초에 서리를 맞은 개망초의 로제트

▲ 6월 무더기로 피어나는 해를 닮은 개망초꽃

▲ 거울에 비친 개망초꽃

▲ 나는야~ 여름 숲속 왕자님!!

▲ 개망초 액자에 우리들의 추억을 담아보자!!

(4) 큰개불알풀

이름이 부르기에 불편함이 있어서인지 봄까치꽃이라고 부르기도 한다. 우리나라 전역의 길가 풀밭에서 만날 수 있다.

▲ 불을 켠 듯한 앙증맞은 보랏빛 꽃

▲ 개의 불알을 닮았다는 씨앗 주머니

▲ 나뭇잎 그릇에 꽃을 담았다

▲ 꽃장식은 어디에나 어울려요

▲ 12월 중순에 만난 로제트의 모습

이론편

(5) 비비추

우리나라 산이나 공원, 화단에서 흔히 볼 수 있는 여러해살이풀이다.
나란히맥을 가지고 7~8월에 보라색의 꽃을 피운다.
잎과 줄기의 구분이 거의 없고 긴 꽃대가 올라와서 꽃이 피고 긴 씨방이 세 갈래로 갈라진다.

▲ 3월 초 뾰족뾰족 뿔같이 솟은 새싹

▲ 부채처럼 커진 이파리

▲ 7월에 긴 꽃대를 올려 차례대로 피는 꽃

▲ 비비추꽃에 놀러온 종이로 만든 나비

▲ 12월 초의 씨앗을 보내고 있는 열매 주머니 모습

(6) 참마

우리나라 산과 들에 자라는 덩굴성 여러해살이풀이다.

살눈(주아)은 밥에 넣어 먹거나 볶아서 먹을 수 있다.

이파리는 하트 모양으로 '사랑해~'라고 말할 수 있고 여러 가지 놀이를 할 수 있다.

▲ '사랑해~'라고 말하는 참마의 이파리

▲ 참마 잎을 먹이식물로 삼는 왕자팔랑나비의 은신처와 애벌레

▲ 8월 초 제 모습으로 자라고 있는 열매

▲ 10월에 익어가는 열매

▲ 11월 2일 완전히 익은 열매 모습

▲ 구슬처럼 생긴 눈이라는 뜻의 주아를 달고 있는 참마덩굴

▲ 주아를 반으로 갈라 문질러서 피부에 붙여 사마귀 놀이 해보기

▲ 참마 이파리 머리핀

(7) 족제비고사리

우리나라 전역에 자생하는 여러해살이풀이다.

양치식물이고 이파리 뒤의 포자로 번식한다.

▲ 아기의 주먹 쥔 모습을 닮은 새순

▲ 제 모습으로 자란 이파리

▲ 이파리 뒤에 있는 포자의 모습

▲ 고사리로 꾸민 도롱뇽

▲ 양치식물이 양의 이빨을 닮았다고?

(8) 참나리

우리나라 전역의 암벽이나 숲 가장자리서 볼 수 있는 여러해살이풀이다. 정원에서도 키우며 알뿌리가 있고 줄기와 잎 사이의 주아로 번식한다. 꽃잎은 6장이고 점 무늬가 있다.

▲ 3월 중순 참나리의 싹

▲ 참나리 꽃봉오리

▲ 활짝 핀 참나리꽃

▲ 참나리 줄기에 있는 주아(씨앗)

▲ 참나리에 놀러와 꿀을 먹는 호랑나비

(9) 쇠뜨기

우리나라 전역의 산과 들의 양지바른 축축한 곳에서 흔히 자란다.

생식줄기가 먼저 나와 포자로 번식을 한다.

여러해살이의 양치식물이고 땅속줄기에서 영양줄기가 나온다.

▲ 4월 중순 쇠뜨기의 생식줄기

▲ 포자를 날려 보낸 쇠뜨기의 생식줄기(양치식물)

▲ 4월 중순 쇠뜨기의 영양줄기 새순

▲ 쇠뜨기의 영양줄기

▲ 영양줄기로 풀잎염색을 하면 멋드러진 모양이 나온다

▲ 줄기를 뽑았다가 다시 끼우는 놀이를 할 수 있다

(10) 갈퀴덩굴

우리나라 전역의 빈터에서 흔히 볼 수 있다.

줄기와 잎에 까칠한 갈퀴가 있고 동그란 열매에도 갈퀴가 있다.

덩굴성 식물로 모여서 군락을 이루며 자란다.

▲ 이른 봄 갈퀴덩굴의 모습

▲ 덩굴을 올리고 있는 모습

▲ 갈퀴덩굴의 꽃이 핀 모습

▲ 천에 붙여 글씨를 쓸 수도 있다

(11) 고마리

우리나라 전국의 냇가나 유기물이 많은 계곡 주변에서 볼 수 있는 한해살이풀이다.

1m 정도의 키로 무리지어 비스듬히 뻗어 자란다.

물을 맑게 정화를 시켜주어 고맙다고 고마리라 한다.

▲ 계곡주변에 모여서 올라온 고마리의 새싹

▲ 제 크기 제 모습으로 자란 고마리의 잎

▲ 고마리의 꽃, 흰색 꽃도 있다

▲ 고마리 잎으로 가방 장식을 만들었어요

(12) 민들레

우리나라 전국에 볕이 잘 드는 곳에서 볼 수 있는 여러해살이풀이다.

로제트로 겨울을 나고 사계절 꽃을 피우는 번식력을 보인다. 씨앗이 익으면 꽃대를 올려 씨앗을 멀리 날려 보내는 지혜를 볼 수 있다.

민들레는 한 송이처럼 보이는 것이 약 100송이가 모인 형태이다(씨앗을 보면 알 수 있다).

▲ 민들레 로제트

▲ 민들레는 어디에서나 만날 수 있는 친근한 꽃이다

▲ 그늘에서도 잘 자란다

▲ 도로 틈에서도 강인하게 자란다

▲ 민들레꽃으로 만든 반지

▲ 씨앗 한 개가 꽃 한 송이임을 알 수 있다

▲ 바람이 되어 씨앗을 보내고 있는 래현이와 재율이

▲ 어린이가 돌멩이에 그린 민들레

**토종민들레

▲ 하얀 민들레는 토종

▲ 노란색 민들레도 총포가 꽃을 받치고 있으면 토종

▲ 총포가 뒤로 뒤집힌 서양민들레

*꽃을 받치고 있는 것은 꽃받침이 아니라 총포이다.

(13) 고비

우리나라 전국에서 볼 수 있는 키 1m 정도의 여러해살이 양치식물이다. 땅속줄기로 번식을 하며 잎의 뒷면에 포자가 있어 포자로 번식한다. 영양잎으로 광합성을 하여 영양분을 축적한다.

▲ 아기의 주먹을 닮은 고비의 새싹

▲ 잎을 펴고 있는 고비의 모습

▲ 제 크기로 자란 고비의 잎

▲ 8월 잎 뒷면에 포자를 만들었다

(14) 맥문동

전 세계, 우리나라 전국에서 낮은 산이나 숲속의 그늘진 곳에서 볼 수 있는 여러해살이풀이다. 겨울에도 푸른 잎을 볼 수 있어서 겨우살이풀이라고도 한다. 덩이뿌리는 약으로 쓴다.

▲ 맥문동 이파리

▲ 여름에 핀 맥문동의 꽃에 놀러온 꿀벌

▲ 10월 말 까맣게 익어가는 열매

▲ 11월에 익은 열매를 양손가락으로 꾹 누르면 씨앗이 튀어 나간다 (총알쏘기놀이를 할 수 있다)

▲ 잎을 머리처럼 땋은 모습

▲ 맥문동 잎으로 만든 모빌

▲ 눈이 온 겨울에도 얼지 않은 맥문동의 잎

(15) 애기똥풀

우리나라 전국에서 흔히 볼 수 있는 키 80cm 정도로 여러해살이풀이다. 줄기를 꺾으면 애기 똥 같은 노란즙이 나온다고 해서 애기똥풀이라고 부른다. 씨앗은 개미가 이동을 도와주어 개미집 주변에서 애기똥풀을 많이 볼 수 있다.

▲ 추운 겨울을 무사히 지낸 대견한 로제트

▲ 씨방이 자라고 있는 애기똥풀의 꽃

◀ 줄기를 꺾어 나오는 아기 똥 같은 노란즙으로 손톱에 매니큐어 놀이를 할 수 있다

▲ 암술의 씨방이 열매 주머니로 자란 모습

▲ 열매 주머니 속 씨앗의 모습
(씨앗 옆에 붙은 흰색의 엘라이오솜은 개미가 먹기 위해 가져가면서 씨앗의 이동을 돕는다)

(16) 환삼덩굴

우리나라 전역에서 볼 수 있다. 덩굴성으로 모여서 자라는 한해살이풀이다. 아래로 향하는 갈퀴가 있어 잘 붙는다. 네발나비의 먹이 식물이다.

▲ 환삼덩굴의 새싹

▲ 제 크기로 자란 환삼덩굴의 모습

▲ 먹이식물인 환삼덩굴잎을 먹고사는 네발나비 애벌레

▲ 네발나비의 번데기

▲ 짝짓기 중인 네발나비

▲ 수꽃

▲ 암꽃

▲ 네발나비는 두 개의 다리가 퇴화되어 네 개의 다리가 보인다

▲ 갈퀴의 성질을 이용해 옷에 붙이는 놀이를 한다

▲ 환삼덩굴의 잎에 왕사마귀가 보호색으로 은신을 해서 먹이를 기다리고 있다.
(아직은 어린 개체라 날개가 없고 한 번 더 탈피를 하면 날개가 나온다)

▲ 사마귀 탈피각(곤충들은 몸 밖에 뼈가 있어(외골격) 자랄 때 탈피를 한다)

▲ 사마귀 성체(날개가 나왔다)

(17) 미국자리공

북아메리카가 원산지로 우리나라 전국에서 볼 수 있다.

1.5m의 키로 열매가 독이 있고 붉게 익어간다.

▲ 미국자리공 새싹에 앉은 광대노린재 유충

▲ 광대노린재 성충의 모습

▲ 꽃을 피우고 열매를 맺은 모습

▲ 잘 익은 열매

▲ 열매를 모아 찧어서 물감을 만들 수 있다

▲ 만든 물감으로 그린 돌멩이 그림

(18) 뱀딸기

우리나라 전국에 밭둑에서 땅위 줄기로 자라는 여러해살이풀이다.

이름은 뱀이 좋아하는 서식지와 같은 음습한 곳에서 뱀딸기가 잘 자란다고 하여 붙여졌다고 한다.

▲ 땅위로 줄기를 뻗은 뱀딸기

▲ 뱀딸기 꽃

▲ 풀숲에 숨은 뱀딸기

▲ 뱀딸기로 만든 반지

(19) 강아지풀

우리나라 전국에서 약 1m의 키로 자라는 한해살이풀이다.

강아지의 꼬리를 닮아 강아지풀이라고 한다.

씨앗은 작은 새들이 좋아하기도 하고 예전에는 식용으로 이용했다고 한다.

▲ 손에 넣고 조물조물 만지면 털의 방향에 따라 오르내린다

▲ 토끼 만들기

▲ 비행기 만들기

▲ 강아지 만들기

▲ 강아지풀대로 만든 별

▲ 마른 풀대로 비눗방울 놀이도 할 수 있다

▲ 강아지풀로 꼬리를 만든 아이

▲ 12월 중순 이삭의 모습(작은 새들이 씨앗을 먹는다)

▲ 익은 강아지풀 씨앗을 먹는 붉은머리오목눈이

▲ 박새도 작은 풀씨를 잘 먹지요

2. 나무 친구들

숲의 이야기를 할 때는 나무를 기준으로 먼저 생각을 하지요.

이른 봄에는 몇 안 되게 깨어 있는 곤충들에게 잘 보이기 위해서 지혜롭게 잎보다 꽃을 먼저 피우지요. 잎이 있을 때보다 잎이 나기 전에 꽃가루받이가 용이하기도 하니까요.

봄에 풍매화가 많은 것도 같은 까닭이겠지요.

커다란 키로 들판을 내려다보며 자라는 참나무는 흉년이 들면 많은 도토리를 매달아 숲친구들과 사람들을 먹여 살리고, 가지를 Y자 모양으로 뻗어 옆가지를 배려하며 햇볕을 나누는 지혜를 배울 수도 있지요.

식물인 나무는 엽록소를 가지고 광합성을 해서 스스로 영양분을 만들어야 하기 때문에 나무들마다 햇볕은 너무도 소중하니까요.

이른 봄 연한 새잎은 애벌레를 먹여 살리고, 애벌레들은 새들을 먹여 살리고…

열매를 맺고, 키우고, 익혀 숲친구들을 먹여 살리지요.

우리들은 숲의 나무들처럼 배려하며, 나누고, 나의 때에 맞는 삶을 살고 있을까요?

숲으로 가서 나무 친구들과 놀면서 지혜를 배워 보아요.

(1) 목련

10m 정도까지 크게 자라는 큰키나무로 우리나라와 일본에서 자란다. 잎은 둥글고 끝이 뾰족하다.

3~4월 잎보다 꽃을 먼저 피우고 8월 말부터 익으면서 칸칸이 벌어져 빨간색 씨를 보인다.

▲ 이른 봄 목련의 겨울 눈

▲ 겨울눈 껍질로 괴물 손톱 만들기

▲ 꽃눈이 열리고 있다

▲ 5월 활짝 핀 목련꽃

▲ 떨어진 목련꽃을 손가락으로 눌러서 그린 그림

▲ 덜 익어 떨어진 열매로 만들기

▲ 7월 말경 익어가는 열매

▲ 여름에 이미 만든 겨울 눈(8월 초)

▲ 이미 꽃술들이 만들어져 있고 추운 겨울을 대비해 여러 겹으로 싸고 있다

▲ 떨어진 잎으로 만든 가면

▲ 12월경 목련의 열매에서 나오는 실 (누가 길게 뽑는지 놀이하기)

(2) 진달래

2~3m 길이의 키로 자란다.

토종이고 먹을 수 있다고 하여 참꽃, 진달래라고 한다.

4월에 잎보다 꽃이 먼저 피고 꽃에 있는 허니가이드(꽃의 수정을 돕기 위해 점이나 선으로 곤충을 안내하는 무늬)로 지혜롭게 곤충들을 불러 꽃가루받이를 용이하게 한다. 암술은 타가수분으로 건강한 유전자를 가진 씨앗을 만들기 위해 키를 키우고 있다.

▲ 꽃눈을 열고 있는 진달래

▲ 여기저기서 진달래 꽃풍선이 열리고 있다

▲ 활짝 핀 진달래
(진달래는 잎보다 꽃이 먼저 핀다)

▲ 진달래에 놀러온 호박벌

▲ 화전 대신 꽃과자로 만들어 먹을 수 있다(숲에서는 불을 사용할 수 없어 과자에 꽃을 얹어 먹는다)

▲ 지점토에 꽃잎이나 풀잎을 붙여 화전을 닮은 가방 장식을 만든다

▲ 12월 중순에 만난 씨앗 주머니

(3) 아까시나무

북아메리카가 원산지로 25m까지 자라는 가시가 있는 낙엽교목이다.

5~6월에 꽃이 피고 꿀벌들이 좋아하는 밀원식물이다.

8월경부터 씨앗주머니가 익는다.

▲ 가지에 두 개의 가시가 겨울눈을 보호하고 있다.

▲ 새순과 꽃봉오리

▲ 잎에 알집을 만드는 노랑배거위벌레

▲ 노랑배거위벌레 알집

▲ 노랑배거위벌레 알

▲ 아까시나무 꽃

▲ 아까시나무의 하엽(여름에 나오는 이파리)

▲ 잎을 훑어서 만든 꽃

▲ 아까시잎 자루로 만든 지네

▲ 아까시잎으로 손수건 염색

▲ 아까시나무 가시 코뿔소

▲ 아까시 씨앗주머니가 열리면 썩은 이처럼 보인다

▲ 11월 중순의 단풍 든 아까시 나뭇잎

(4) 노린재나무

1~3m 정도의 키로 일본, 중국에서 자란다.

5월에 하얀꽃을 피우고 9월에 짙은 파란색으로 익는다.

태운 재에 물을 부으면 노란색의 물이 나온다 하여 노린재나무라고 하고 섬유를 노란색으로 염색할 수 있다.

수형이 우산처럼 가지가 우거진다.

▲ 우산을 닮은 수형의 노린재나무

▲ 노린재나무의 꽃

▲ 노린재나무가 먹이 식물인 뒤흰띠알락나방 애벌레

▲ 뒤흰띠알락나방

(5) 벚나무

10~20m까지 자라고 우리나라와 일본, 중국에서 자란다.

4월에 꽃이 피고 6월에 열매가 익는다.

가로수로 많이 심어 흔히 볼 수 있어 친근한 나무이다.

▲ 벚나무의 새싹

▲ 활짝 핀 벚꽃

▲ 떨어진 벚꽃잎으로 손등 꾸미기

▲ 맺혔다 떨어진 열매로 만든 꽃다발

▲ 애벌레가 만든 구멍에 끼워서 꾸미기

▲ 잘 익어가고 있는 버찌들

▲ 버찌즙으로 손등에 그림그리기

▲ 새둥지 놀이를 하는 손

▲ 버찌즙으로 돌멩이에 그림그리기

▲ 11월 초 단풍이 들어 떨어진 잎

▲ 단풍든 벚나무잎으로 만든 왕관

▲ 단풍이 든 잎을 꿰어 만든 커튼

▲ 피목이 입술처럼 생긴 수피
(뽀뽀나무라는 애칭)

▲ 벚나무에서 우화를 하고 짝을
찾고 있는 참매미

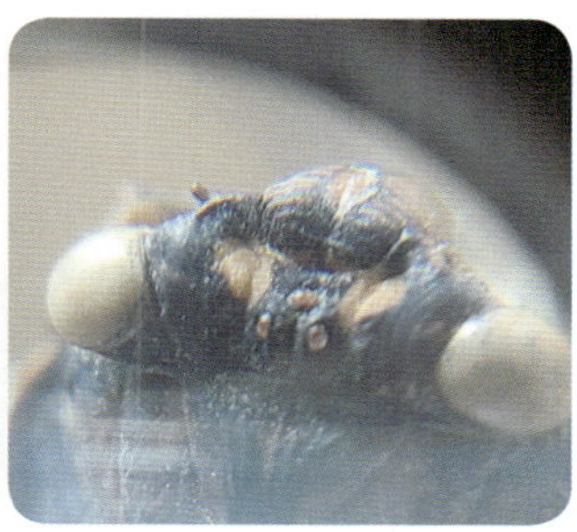

▲ 매미의 홑눈과 겹눈

▲ 겹눈 모형으로 보기

▲ 돌멩이와 찰흙을 이용해 만든 매미

▲ 페트병으로 매미를 만들어 여름 물놀이를 한다

(6) 졸참나무

23m까지 자라는 낙엽이 지는 큰키나무이다.

4월에 꽃이 피고 10월에 열매가 익는다.

도토리 6형제 중 잎과 도토리의 크기가 가장 작다.

▲ 이른 봄 새순(자외선으로부터 새순을 보호하기 위해 붉은색을 띠고 있다)

▲ 7~8월 초경 맺어진 도토리에 도토리거위벌레가 알을 낳고 가지를 떨어뜨린 모습, 알을 낳은 흔적(수월하게 땅속으로 들어가 번데기가 되기 위한 엄마의 배려)

▲ 9월 초 익은 졸참나무 도토리

▲ 손에 가득 담은 졸참나무 도토리

▲ 11월 중순의 단풍이 든 잎

▲ 12월 중순에 뿌리를 내린 졸참나무도토리

(7) 상수리

20~30m까지 큰 키로 자라는 낙엽이 지는 큰키나무이다.

도토리 6형제 중 도토리의 크기가 가장 크다.

5월에 길게 암 · 수 한 그루로 꽃이 피고 10월에 2cm 정도 크기의 열매가 익는다.

▲ 4월 말의 상수리나무꽃

▲ 왕거위벌레의 알집(어미는 5~6월 연한 잎에 알을 낳고 애벌레가 깨어나 말려 있는 잎을 먹고 자라서 땅속에 들어가 번데기가 되라고 요람을 땅위로 떨어뜨린다)

▲ 7월 말경 상수리의 모습

▲ 도토리거위벌레가 알을 낳아 떨어뜨린 모습 땅속에 들어가 번데기가 되라고 알 낳은 도토리를 땅위로 떨어뜨린다(도토리거위벌레 어미는 도토리에 알을 낳는다)

▲ 도토리 육형제 중 가장 큰 상수리

▲ 도토리를 좋아하는 어치(산에 사는 까치라는 뜻의 어치는 겨울에 먹으려고 도토리를 숨겨두고는 찾지 못해 참나무숲이 이루어진다고 한다)

▲ 도토리 각두로 만든 손가락 인형

▲ 늦가을 낙엽으로 만든 돛단배

▲ 11월 중순의 참나무숲의 모습

▲ 12월 중순에 만난 어리상수리혹벌 식물혹(혹벌류는 식물의 생장점에 알을 낳는데 식물에 따라 식물혹의 모양은 다른 모습이다)

(8) 갈참나무

참나무과의 25m까지 자라는 낙엽이 지는 큰키나무이다.

5~30cm 길이의 잎으로 뒷면은 희다. 열매는 10월에 익는다.

▲ 이른 봄 깨어나고 있는 갈참나무

▲ 갈참나무의 꽃봉오리

▲ 활짝 핀 꽃(바람이 꽃가루를 옮겨주는 풍매화이다)

5월에 제 모습 제 크기로 자란 갈참나무의 잎

▲ 봄에 맺어진 아기 갈참나무 도토리

▲ 제 크기로 자란 갈참나무 도토리

▲ 도토리거위벌레가 알을 낳아 떨어뜨린 모습

▲ 도토리 속 알의 모습

▲ 드토리를 뚫고 나오는 애벌레 (도토리를 모아두면 애벌레를 단날 수도 있다)

▲ 도토리거위벌레 애벌레

▲ 갈참나무 잎으로 만든 그릇

(9) 떡갈나무

20m 길이의 낙엽이 지는 큰키나무이다.

잎이 크고 털이 있다. 잎에서 피톤치드가 나와 떡이 쉬지 않아 떡을 쌌다고 떡갈나무라고 한다. 5월에 꽃이 피고 10월에 열매가 익는다.

▲ 이른 봄 나온 새순은 자외선으로부터 여린 싹을 보호하기 위해 붉은 안토시아닌 색소를 띠고 나온다

▲ 제 모습, 제 크기로 자란 이파리

▲ 봄에 맺어진 아기열매

▲ 제 모습 제 크기로 자라고 있는 열매와 손가락 인형

▲ 10월 말경 떡갈나무의 단풍

▲ 물풀을 칠하고 흙을 뿌려 웃는 나뭇잎 만들기

(10) 신갈나무

30m의 키로 낙엽이 지는 큰키나무이다. 4월에 꽃이 피고 10월에 익는다. 잎이 크고 잎자루가 없어 예전에 짚신을 신을 때 신발에 깔았다고 해서 신갈나무라 한다.

▲ 3월 말경 겨울눈 모습

▲ 5월 초 잎에 놀러온 대벌레

▲ 6월경의 아기 도토리

▲ 7월 말경에 도토리 거위벌레가 알을 낳아 떨어뜨린 도토리

▲ 물풀로 꾸민 웃는 나뭇잎 (광합성이 끝나는 10월경 놀이를 하면 나뭇잎에게 덜 미안하게 놀 수 있다)

▲ 12월 초 익은 도토리

▲ 신갈나무 잎을 신발에 깔아 보기

▲ 신갈나무 식물의 혹

▲ 11월 중순의 단풍이 든 잎

(11) 일본목련

20m의 낙엽이 지는 큰키나무로 일본이 원산지다.

5월에 지름 15cm의 꽃이 피고 15cm 정도 크기의 열매가 열린다.

30cm 이상의 큰 잎으로 성장 속도가 빠르다.

▲ 2월경 겨울눈

▲ 5월경 제 모양 제 크기로 자란 나뭇잎

▲ 애벌레가 만든 가면

▲ 7월 말경의 제 크기 제 모양으로 자란 열매

▲ 자신을 키운 해님을 닮아 붉게 익은 열매

▲ 제 할 일을 끝낸 이파리

▲ 낙엽으로 만든 가면을 쓴 아이들

▲ 낙엽으로 만든 왕관

(12) 죽단화

키가 2m 정도로 자라는 낙엽이 지는 작은키나무이다.

4월부터 겹으로 꽃이 피고 열매는 없다.

가지가 초록색이고 생울타리로 인기가 좋다.

▲ 죽단화 이파리

▲ 꽃이 핀 죽단화

▲ 꽃이 핀 죽단화 가지로 만든 화관(덩굴성이라 자르지 않고 머리에 두르면 화관이 된다)

▲ 죽단화 가지 속에 붉은머리 오목눈이가 둥지를 짓고 육추를 하고 떠났다

▲ 붉은머리오목눈이

▲ 6월에 만난 뱁새의 알

뱁새라고도 부르는 텃새이다. 몸길이는 13cm 정도이고 30~50마리씩 무리지어 산다. 4~7월에 5~6개 정도의 알을 낳는다. 덩굴성 나무나 작은키나무 사이에 둥지를 짓는다. 여름철새인 뻐꾸기가 탁란을 하기도 한다

▲ 알을 품고 있는 어미 뱁새

▲ 먹이를 달라고 조르는 아기새

(13) 개나리

약 3m로 자라는 낙엽이 지는 작은키나무이다. 4월에 꽃이 피고 암수딴그루이며 암꽃에서는 열매가 열린다. 암나무에서는 암꽃이 피고, 수나무에서는 수꽃만 핀다. 봄을 알리는 대표적인 꽃으로 생울타리로 인기가 높다.

▲ 11월초에 만난 겨울눈

▲ 개나리 꽃봉오리를 먹는 박새
(이른 봄에는 새들이 꽃도 먹는다)

▲ 3월 중순경 활짝 핀 개나리

▲ 암꽃에서 맺어진 열매

▲ 단주화(수꽃)

▲ 장주화(암술이 있어 꽃가루받이 후 열매를 맺는다)

* 꽃잎을 여러 장 위로 던지면 뱅글뱅글 프로펠러처럼 떨어진다.
** 떨어진 꽃을 주워 나뭇가지나 실에 꿰어 놀이를 할 수 있다.

(14) 싸리나무

1.5m의 키로 낙엽이 지는 작은키로 많은 잔가지를 친다.

7~8월에 진분홍색의 작은 꽃을 피운다. 잔가지가 많아 빗자루나 울타리를 만들 수 있다. 생울타리(나무를 심어 담 역할을 한 것)로도 인기가 높다.

▲ 제 모습 제 크기로 자란 잎

▲ 노랑배거위벌레와 알집(콩과 식물이 먹이식물인 노랑배거위벌레와 노랑배거위벌레의 알집)

▲ 노랑배거위벌레가 만든 작품(벌레 먹은 흔적이 있는 곳을 보면 알집과 노랑배거위벌레를 만날 확률이 높다)

▲ 9월 초의 꽃과 열매

▲ 싸릿대로 만든 빗자루

(15) 단풍나무

10m 정도로 자라는 낙엽이 지는 큰키나무이다.

꽃은 4월에 피고 열매는 9~10월에 익는다.

잘 익어 날아 떨어지는 열매를 보고 프로펠러를 발명했다고 한다.

▲ 4월 말경 단풍나무의 꽃

▲ 손바닥을 닮은 나뭇잎을 찾기

▲ 7월경 제 모습 제 크기로 자란 열매

▲ 거울에 비친 단풍나무 숲

▲ 연한 잎에 즙을 먹는 진딧물들

▲ 4월경 무당벌레 알

▲ 무당벌레 애벌레와 번데기

▲ 번데기에서 깨어나 날개를 말리고 있는 무당벌레

▲ 매미나방 애벌레

▲ 매미나방이 번데기가 되고 있는 모습

▲ 7월경 단풍나무에 알을 낳고 있는 매미나방

▲ 가을에 단풍이 든 모습

▲ 단풍잎으로 만든 요술봉

(16) 팥배나무

15m 정도로 자라는 낙엽이 지는 큰키나무이다.

열매는 팥 크기로 배처럼 점 무늬가 있다고 하여 팥배나무라고 한다.

빨간 열매는 새들이 겨울 동안 양식으로 즐겨먹는다.

▲ 3월 말경의 열리기 시작하는 겨울눈

▲ 5월 초경 활짝 핀 팥배나무꽃

▲ 6월경 제 모습 제 크기로 자라고 있는 열매

▲ 해님이 익히고 있는 열매

▲ 해님이 가득 들어가 붉어진 색으로 나를 먹어줘~ 나는 맛있어! 라고 말하는 붉은색의 열매를 물까치가 맛있게 먹고 있다(열매는 새의 뱃속에 들어가 이동을 하며 발아율을 높인다)

▲ 11월 초순의 단풍이 든 모습

▲ 빨간 열매로 새들에게 밥상을 차려주는 놀이

(17) 밤나무

10~15m의 키로 낙엽이 지는 큰키나무이다.

암 · 수 한 그루이고 꽃은 6월에 피고 열매는 9~10월에 익는다.

가시로 둘러싸인 열매주머니가 벌어지면 사람들과 숲속 친구들의 소중한 먹이가 된다.

▲ 4월 중순경의 새순

▲ 6월 초 혹벌의 알집
(식물의 생장점에 알을 낳아 기른다)

▲ 6월 초 밤나무 수꽃

▲ 6월 초 밤나무 암꽃

▲ 암꽃에서 아기 밤이 자라고 있다

▲ 제 모습 제 크기로 자란 밤송이

▲ 밤을 이용해서 만든 거미줄

▲ 버섯 테이블에 밤 죽정이로
만든 숟가락

▲ 밤나무 11월 초의 단풍이 든 모습

(18) 산초나무

3m 정도의 키로 자라는 낙엽 활엽이 지는 작은키나무이다. 8월경 꽃을 피우고 10월에 열매가 익어 세 갈래로 열려서 검정색의 씨가 보인다.

운향과 식물로 특유의 향이 있고 호랑나비와 제비나비의 먹이 식물이다.

▲ 4월 초순의 새싹

▲ 호랑나비의 알

▲ 2령 애벌레

▲ 취각을 드러낸 5령 애벌레(취각–냄새가 나는 뿔이라는 뜻으로 산초나무 잎을 먹고 농축된 냄새로 새들의 공격으로부터 자신을 보호할 수 있다)

▲ 호랑나비 번데기

▲ 호랑나비

(19) 매화나무

5m 정도의 키로 자라는 낙엽이 지는 활엽수이다.

3월경 잎보다 먼저 활짝 핀 꽃을 볼 수 있고 소만절기쯤에 수확을 해서 가공한다.

꿀벌들이 좋아하는 밀원식물이다.

▲ 2월 말경 깨어나는 꽃봉오리

▲ 꽃봉오리를 따뜻한 물에 우려 차를 마셔본다

▲ 3월 중순경 활짝 핀 매화꽃

▲ 5월 중순경 제 모습 제 크기로 자란 매실

(20) 산수유나무

7m 정도의 키로 자라는 낙엽이 지는 중간키나무이다.

3월 잎보다 먼저 노란색 꽃이 피고 10월경 익기 시작하여 약으로 쓰이거나 새들의 소중한 먹이가 된다.

▲ 2월 말경 열리기 시작하는 꽃봉오리

▲ 3월 초 꽃눈이 열린 모습

▲ 물 돋보기로 꽃 관찰

▲ 3월 말경 활짝 핀 산수유꽃

▲ 4월 초경에 꽃보다 늦게 나오는 이파리(봄꽃은 바람과 곤충의 눈에 잘 띄기 위해 꽃을 먼저 피우는 전략을 쓴다)

▲ 4월 말경 맺어진 열매

▲ 7월 중순경 제 모습 제 크기로 자란 산수유

▲ 잎에는 섬유질이 있어 살짝 자르면 끊어지지 않고 모빌처럼 된다

▲ 10월 말경 제때에 익어가는 산수유

▲ 11월 이후 단풍 든 잎은 떨어지고 겨울철 새들의 소중한 먹이가 된다

▲ 소꿉놀이의 재료도 된다

▲ 해를 닮아 빨갛게 익은 열매

▲ 11월 중순에 단풍 든 잎 사이로 겨울눈이 있다

(21) 조팝나무

2m 정도의 키로 우리나라 전국 어디서나 볼 수 있다.

4월경 하얀 꽃을 피우고 9월에 열매가 익는다.

넝쿨처럼 생긴 가지로 생울타리(나무를 심어 울타리를 만든 것)로 자주 만날 수 있다.

▲ 2월경 겨울 눈

▲ 잎이 꽃눈을 싸고 있다
(꽃눈이 터질 때 하얀 별을 볼 수 있다)

▲ 덩굴처럼 자라난 꽃핀가지를 머리에 둘러 꺾지 않고 화관을 만들 수 있다

▲ 맺어진 열매의 모습

▲ 11월 중순에 단풍이 든 모습
(꽃꽂이 소재로도 쓰인다)

▲ 길게 자라난 가지를 박스 종이에 끼워 만든 왕관

(22) 개암나무

1~2m로 자라는 한국 원산지의 낙엽이 지는 작은키나무이다.

3월에 잎보다 꽃이 먼저 피고 바람이 꽃가루의 이동을 돕는 풍매화이다.

10월에 열매가 익는다.

▲ 3월초 깨어난 빨간 암꽃

▲ 길고 노란 수꽃(풍매화-바람이 꽃가루받이를 도움)

▲ 어린잎은 자외선으로부터 자신을 보호하기 위해 안토시아닌 색소를 만들었다('똥이 묻었다'라고도 한다)

▲ 7월 말경 제 모습 제 크기로 자라고 있는 열매

▲ 10월에 만난 수꽃(겨울눈)

▲ 1월 말경 나무에서 마른 개암

(23) 산철쭉

1~2m로 전국에서 볼 수 있는 낙엽이 지는 작은키나무이다. 4월에 잎과 함께 꽃이 나오고 열매는 9월에 익는다.

먹지 못한다고 개꽃이라고 한다. 허니가이드로 곤충을 불러 꽃가루받이를 한다.

▲ 3월 말경 끈적끈적한 겨울눈이 드러난다(끈적함으로 소중한 겨울눈을 보호하기 위한 것이다)

▲ 4월 초경 꽃풍선이 터질 준비를 하고 있다

▲ 4월 말경 활짝 핀 산철쭉꽃(철쭉꽃은 꽃과 잎이 함께 핀다)

▲ 루페로 확대해서 보면 수술에는 돼지 콧구멍 같은 관에서 수술가루가 나온다

▲ 떨어진 꽃으로 놀기

▲ 꽃이 지고난 이파리에 놀러온 방아깨비

▲ 방아깨비 허물– 외골격의 흔적(몸 밖에 뼈가 있어 허물을 벗고 자란다)

▲ 초록색의 보호색을 띠고 짝짓기 중인 방아깨비 위에 있는 작은 개체가 수컷이다

▲ 나란히맥의 풀잎을 먹고 싼 똥

▲ 12월 중순에 만난 씨앗주머니

(24) 이대

2~4m로 자라며 외떡잎의 나란히맥을 가지고 있다.

▲ 숲 가장자리에서 자라고 있는 이대

▲ 잎으로 만든 배

▲ 물에 띄우고 숲에 연못을 만들어 놀기

(25) 소나무

우리나라를 대표하는 상록침엽수로서 전국에서 볼 수 있다. 바늘처럼 생긴 잎은 두 갈래로 갈라져 있다.

숲에서 볼 수 있는 리기다소나무는 잎이 세 갈래로 갈라져 있고 잣나무는 잎이 다섯 갈래로 갈라져 있다.

▲ 소나무의 겨울눈

▲ 소나무의 수꽃

▲ 암꽃

▲ 1년생 솔방울

▲ 2년 된 솔방울(솔잎과 솔방울은 2년에 한 번 떨어진다)

▲ 솔씨

▲ 8월 중순 청설모가 솔씨를 빼먹고 버린 흔적

▲ 청설모(검고 푸른 털을 가진 쥐라는 뜻이다. 겨울잠을 자지 않고 솔씨를 좋아한다)

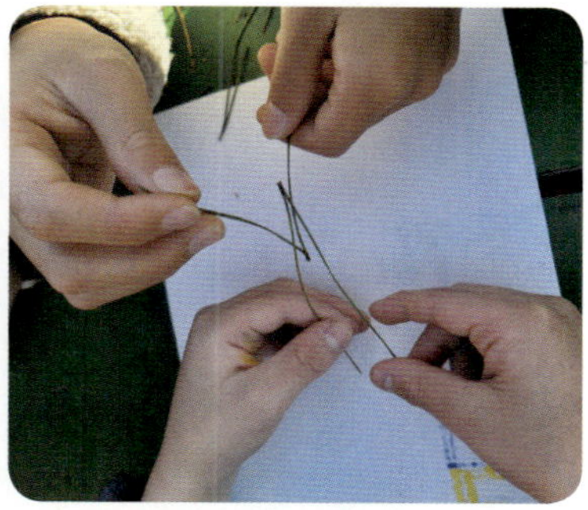

▲ 솔잎 씨름– 둘이서 솔잎을 걸어 당기기 놀이

Tip

숲에서 자주 만나는 뾰족한 바늘처럼 생긴 침엽수는 모두 소나무라고 생각하는 경우가 많다.

침엽수들 간단 비교(크기 비교로 손에 놓고 찍음)

곰솔 – 잎은 잎집에서 두 갈래로 갈라진 모양이다. 솔방울 지름 5센티 정도로 크고 매끈하다. 솔씨는 얇은 날개를 달고 있다.

리기다소나무 – 잎집에서 세 갈래로 갈라지고 꼬불거린다. 솔방울은 곰솔 솔방울에 비해 실편의 끝에 뾰족한 가시가 있다. 솔씨는 얇은 날개를 달고 있다.

적송 – 잎집에서 두 갈래로 갈라진다. 곰솔에 비해 잎이 가늘다. 솔방울 지름 2~3cm 센티 정도로 작고 매끈하다. 솔씨는 얇은 날개를 달고 있다.

스트로브잣나무 – 잎집에서 다섯 갈래로 갈라진다. 잎이 가늘어 하늘거리는 느낌이 난다. 솔방울은 길고 송진이 많이 묻어 있다. 솔씨는 얇은 날개를 달고 있다.

잣나무 – 잎집에서 다섯 갈래로 갈라진다. 스트로브잣나무에 잎에 비해 잎이 굵다. 잣 방울은 길고 묵직하게 생겼고 송진이 많아 까기 쉽지 않다. 씨는 단단한 껍질에 싸여 있고 속에 고소한 잣이 들어 있다.
(위 사진은 청설모가 잣을 빼먹고 난 모습)

온전한 잣 방울의 모습

(26) 회양목

7m까지 자라는 상록활엽의 작은키나무이다.

성장 속도가 느리고 목질이 단단하여 도장을 만들 때 썼다고 도장목이라고도 한다.

2월 말경 일찍 꽃을 피우고 6월경에 이르게 열매를 익힌다.

회양목잎이 먹이식물인 회양목명나방애벌레를 만날 가능성이 있다.

▲ 2월의 회양목 이파리

▲ 잎을 갈라 만든 배

▲ 2월 말경 꽃봉오리

▲ 4월 중순경 제 모습 제 크기로 자라고 있는 열매

▲ 5월 말경 회양목명나방 애벌레

▲ 회양목명나방 애벌레 똥

▲ 회양목명나방

▲ 5월 초 익어가는 열매속에 부엉이

▲ 10월 씨앗을 떠나보낸 빈 열매 주머니

(27) 생강나무

3~6m로 자라는 낙엽이 지는 큰키나무이다.

3월경 잎보다 꽃을 먼저 피우고 9월경 검은색으로 익는다.

꽃, 잎, 나뭇가지에서 생강 냄새가 난다고 하여 생강나무라고 한다.

▲ 생강나무의 새싹

▲ 2월경 열리는 꽃눈

▲ 4월 말경 활짝핀 꽃

▲ 꽃을 따뜻한 물에 담그면 노랗게 우러난 꽃차를 마실 수 있다

▲ 생강나무는 두 가지 모양의 잎이 달린다

▲ 꽃이 진 자리

▲ 5월 말경 제 모습 제 크기로 자라고 있는 열매

▲ 단풍이 든 11월 중순의 모습

(28) 칡

10m 정도로 자라는 덩굴성 식물이다. 나무를 감고 올라가서 미움을 받기도 한다. 향기로운 꽃은 8월에 피고 9월경 열매가 달려 갈색의 털로 덮여서 익어간다. 뿌리는 갈근이라 하여 약으로 쓴다.

▲ 칡덩굴의 새순

▲ 이파리로 공룡걸음 놀이

▲ 이파리 뒷면에 눌러 그리기

▲ 이파리로 머리핀

▲ 향기로운 칡꽃

▲ 8월 초 꽃이 지고 맺은 열매

▲ 2월경 익은 열매

▲ 11월 중순에 단풍이 든 모습

▲ 칡덩굴로 만든 둥지 숲교실

▲ 덩굴에 있는 엽흔(잎이 붙어 있던 흔적으로 뿌리, 줄기, 잎으로 가는 물과 영양분이 지나가는 관다발 흔적이다)

▲ 비눗방울 놀이(칡덩굴을 잘라 비눗물을 묻혀 불며 놀 수 있다)

(29) 담쟁이덩굴

10m 정도로 자라는 덩굴성 식물이다.

6월경 꽃을 피우고 9월경 익어 겨울철 새들이 즐겨 먹는 먹이다.

덩굴이지만 나무를 감고 자라지 않고 발을 붙여서 자라면서 나무껍질의 수분과 영양분으로 살아 간다.

▲ 2월 발을 붙여 올라간 모습

▲ 4월 중순경 새순을 낸 모습

▲ 제 모습 제 크기로 자란 이파리

▲ 7월 말경 익어가는 열매

▲ 선글라스를 쓴 멋쟁이들

▲ 잎자루로 작곡놀이 하기

▲ 10월 말경의 단풍이 든 이파리

▲ 11월 초에 만난 열매

▲ 11월 중순에 잎자루만 남았다

▲ 11월 중순에 떨어진 잎자루로 만든 지네

*잎이 지고 난 담쟁이 덩굴 속에 살았던 곤충들의 흔적

▲ 쌍살벌이 살았던 흔적

▲ 왕사마귀가 알을 낳았다

▲ 흙으로 만든 호리병벌집

(30) 때죽나무

10m까지 자라는 낙엽이 지는 작은키나무이다.

5월에 꽃이 피고 9월에 익어 열매 주머니가 열린다.

과육째 찧어 물에 풀면 물고기가 떼로 떠오른다 하여 때죽나무라 한다.

▲ 5월 중순경 활짝 핀 때죽나무

▲ 열매를 맺은 모습

▲ 7월 말경 때죽납작진딧물의 알집 모습

▲ 제 모습 제 크기로 자라고 있는 열매들

▲ 11월 중순의 새들이 먹고 남은 열매의 모습

(31) 은행나무

35m까지 자라는 낙엽이 지는 큰키나무이다.

신생대에 번성했던 식물로 2억 7천만 년 전의 화석으로 발견되기도 했다.

5월에 꽃을 피우고 10월에 노랗게 익는다. 특유의 냄새 때문에 동물들이 싫어하여 오히려 지금까지 번식하는 데 도움이 되었다 한다(은행의 냄새는 다른 숲친구들이 싫어하였지만 자신을 지키는 전략이 되었다).

▲ 8월 초에 만난 제 모습 제 크기로 자란 이파리와 열매

▲ 11월 초 단풍이 든 이파리

▲ 여름 숲에서 은행나무의 얼굴을 만들어 주며 노는 아이들

▲ 노란 단풍잎에 풍덩 빠져 노는 아이들 모습

▲ 은행잎으로 놀이하는 아이들

▲ 11월 초 익어 떨어진 열매

(32) 쥐똥나무

4m까지 자라는 낙엽이 지는 작은키나무이다.

5월에 향기로운 꽃이 피어 많은 곤충들이 찾고 10월에 단단하게 익고 겨울까지 검게 달려 곰팡이를 만들어 새를 불러 먹혀서 번식과 이동을 한다.

▲ 5월 향기로운 꽃

▲ 7월 말경 제 모습 제 크기로 자라고 있는 이파리와 열매들

▲ 10월경 쥐똥을 닮은 잘 익은 열매

▲ 쥐똥나무 주변에서 만난 긴호랑거미
9월 초순경(흰 띠를 만들어 곤충들에게 꽃의 허니가이드처럼 보이게 해서 먹이 사냥을 용이하게 하는 지혜를 보인다)

▲ 호랑거미의 알집

▲ 쥐똥나무 근처에서 만난 10월 초순경 무당거미

▲ 무당거미의 허물(몸 밖에 뼈가 있는 외골격이라 허물을 벗고 자란다)

▲ 무당거미의 알집(3월 26일 촬영)

▲ 도토리를 이용한 거미 만들기

▲ 지끈으로 만든 거미줄

계곡 웅덩이에서 만난 숲친구들

▲ 계곡 웅덩이 (숲에 계곡 웅덩이가 있으면 새가 물을 먹고 목욕을 하며 다양한 생명들이 살아서 많은 숲 친구들을 만날 수 있다)

▲ 보호색을 띤 산개구리

▲ 3월경 산개구리 알(손을 물에 담가 차갑게 한 후 만져본다)

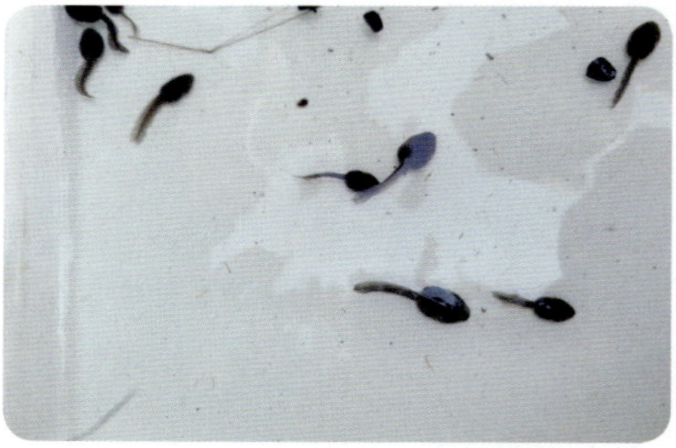

▲ 4월경 깨어난 올챙이

▲ 올챙이를 만들어 놀이하기

▲ 뒷다리가 나온 올챙이

▲ 앞다리가 나온 올챙이 – 꼬리가 들어가면 개구리가 된다

▲ 메추리장구애비(작다고 해서 메추리가 붙었다)

▲ 물자라 수컷(암컷이 수컷의 등에 알을 낳고 배 끝에 뾰족한 기관을 물 밖으로 내어 숨을 쉰다. 수컷은 알을 지고 다니며 보호를 하고 지킨다

잠자리

▲ 잠자리 수채–잠자리는 물속에 알을 낳는다. 잠자리 애벌레를 수채라 하고 물 속에서 허물을 벗으며 자라다가 물 주변에서 우화하여 잠자리가 된다(잠자리는 육식이다).

▲ 웅덩이 주변에서 만난 배치레잠자리

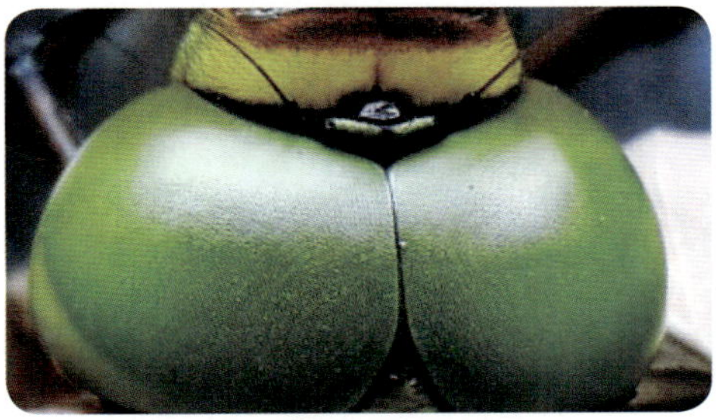

▲ 잠자리의 겹눈(잠자리는 여러 개의 겹눈이 모여 있다)

Chapter

6

유아 숲교육과 교사

1. 유아 숲교육을 위한 교사의 역할

유아들과 숲에서 활동을 진행하는 교사는 어떤 역할을 담당해야 할까?

일반적인 유아교사의 역할과 크게 다르지 않지만 숲이라는 공간적 특성을 고려한 교사의 역할에 대해 살펴보고자 한다. 이를 위해 먼저 숲교육을 위해 교사가 갖추어야 할 기본적인 태도에 대해서도 알아보고자 한다.

교사는 유아들의 전인발달과 자연에 대한 바른 태도를 갖도록 하기 위해 숲에서의 놀이와 활동을 계획하고 실행하게 된다. 유아를 위한 숲교육을 위해 교사가 자신의 역할에 대해 바르게 이해하고 실행하는 것이 매우 중요하다. 또한 교사는 숲교육을 실행하기 위해 숲을 즐기고 소중히 여기는 태도, 자연을 느끼고 배우고자 하는 태도, 숲교육의 필요성 및 중요성에 대한 바른 인식을 갖는 태도가 필요하다.

1) 유아 숲교육을 위해 교사가 갖추어야 할 태도

(1) 숲을 즐기고 소중히 여기는 태도

유아 숲교육을 위해 교사는 유아들과 함께 숲에서 다양한 활동을 진행하게 된다. 이때 숲에서 교사가 보여주는 모든 행동이 유아들에게 영향을 미칠 수 있다. 즉, 교사가 주변의 변화를 발견하고 즐기는 모습, 자연물을 소중히 여기고 아끼는 모습, 활동 후 주변을 정리하는 모습 등을 통해 유아들은 숲에 대한 바른 태도를 갖게 될 것이다. 따라서 교사는 자신의 작은 행동도 유아에게 영향을 미칠 수 있다는 점을 고려하여 숲을 진정으로 즐기고 소중히 여기는 태도를 보여줘야 할 것이다.

(2) 자연을 느끼고 배우고자 하는 태도

유아 숲교육을 위해 교사 스스로도 자연을 느끼고 배우고자 하는 태도를 갖는 것이 중요하다. 숲은 계절의 변화에 따라 그 모습이 매우 다양하다. 예로 우리 주변에서 쉽게 볼 수 있는 개망초의 경우 로제트 형태로 겨울을 보낸 후 늦은 봄에 원줄기가 자라나서 1m 정도까지 자란다. 이후 이른 여름부터 서서히 꽃을 피우게 된다. 또한 식물마다 번식을 하는 방법도 다양해서 벌이나 나비, 개미 등과 같은 곤충의 도움을 받기도 하고 때로는 바람의 도움을 받아 성장해 나간다. 이 외에도 숲에서 볼 수 있는 다양한 곤충들 역시 각자의 모습으로 살아가게 된다. 따라서 숲교육을 진행하는 교사는 숲에서 살아가는 다양한 식물과 곤충 등에 대해 관심을 가지고 변화에 대해 민감하게 느끼며 알아가고자 하는 태도를 갖는 것이 필요하다. 교사가 다양한 식물과 곤충의 이름과 생태에 대해 정확하게 아는 것이 중요하지만 현실적으로 숲에 있는 식물과 곤충에 대해 아는 것은 불가능하다. 따라서 교사가 단순히 식물과 곤충의 이름을 외우는 것보다는 이들에 대해 호기심을 가지고 잘 모르는 식물이나 곤충에 대해 탐구하려는 태도를 갖는 것이 더욱 중요하다.

(3) 숲교육의 필요성 및 중요성에 대한 바른 인식을 갖는 태도

평소 숲에 대해 큰 관심이 없거나 숲에 가는 것을 번거롭고 귀찮은 일이라고 인식하는 교사일 경우 숲에 가는 것 자체를 즐기지 않게 될 것이며 숲에 가서도 단편적인 경험만을 유아에게 제공할 가능성이 크다. 하지만 유아를 대상으로 한 숲교육은 숲에서 자유롭게 놀이하며 감각과 지각의 발달, 신체 발달, 상상력과 창의성 발달, 생명존중 태도 발달, 언어 표현 발달, 사회성 발달 등 유아의 전인적인 발달을 도울 수 있다(곽노의 외, 2010). 따라서 숲교육을 실시하는 교사들은 이와 같은 교육적 가치에 대해 바르게 인식하고 있어야 한다. 교사가 먼저 숲교육이 왜 필요하며 중요한지에 대한 바른 인식을 갖고 있을 때 유아의 전인발달을 도울 수 있는 숲교육을 실시할 수 있기 때문이다.

2) 유아 숲교육을 위한 교사의 역할

숲교육은 숲이라는 공간적인 특수성으로 인해 교사가 사전에 예상하지 못한 상황을 마주하게 될 수 있다. 이러한 상황에서 교사가 얼마나 유연하고 능숙하게 대처하느냐에 따라 그날의 숲활동이 원만하게 진행되는지 아닌지가 결정되게 된다. 이처럼 숲교육에서 교사의 역할은 매우 중요하기 때문에 이에 대해 구체적으로 살펴보고자 한다(김은숙, 2019; 서영민, 2018; Knight, 2013).

(1) 유아의 숲 놀이를 지원하는 교사

숲에서 유아들이 자유롭게 자연을 탐색하고 즐거운 놀이를 위해 교사는 적절한 지원을 할 수 있어야 한다. 유아의 숲 놀이를 지원하기 위해 먼저 교사는 유아들이 주변의 자연을 적절하게 탐색하고 느낄 수 있는 시간을 제공해야 한다. 유아들이 숲에서 놀이를 하기 위해서는 어떠한 자연물이 있는지 살펴보는 시간이 필요하다. 따라서 교사는 유아들이 자연스럽게 자연과 교감하며 다양한 풀과 나무, 곤충 등을 탐색할 수 있는 시간을 제공해야 한다. 이때 교사는 유아들에게 풀과 나무, 곤충의 이름을 단순히 알려주는 것보다 예전에 비해 어떤 점들이 달라졌는지에 질문하는 등 함께 주변의 자연을 관찰하며 충분한 시간을 제공하는 것이 필요하다.

이 외에도 교사는 유아들이 자연물을 가지고 어떤 놀이를 하는지, 어떤 경험을 하고 있는지를 관찰을 통해 파악하여 이후 유아들의 놀이가 점점 확장되기 위해 필요한 지원을 하는 것이 중요하다. 특히 숲이 익숙하지 않은 유아들은 숲을 낯설게 느끼거나 자연물을 탐색하는 데 어려움이 있을 수 있다. 따라서 교사는 유아들이 서서히 마음을 열고 숲을 즐길 수 있도록 즐겁고 다양한 놀이를 제공할 필요가 있다.

(2) 유아의 숲 놀이를 위한 환경을 제공하는 교사

유아 숲교육을 위해 교사는 유아들이 숲에서 자유로운 놀이와 활동을 진행하기 위한 적절한 환경을 제공하는 역할을 해야 한다. 숲에서 유아들을 위한 환경 제공이란 유아들이 안전하면서도 즐겁게 놀이할 수 있는 환경을 마련하는 것이라고 할 수 있다. 특히 숲에는 다양한 식물과 곤충들이 살아가고 있는데 유아들이 맨손으로 이러한 것들을 만지거나 맛을 보거나 했을 경우 안전에 문제가 생길 수 있다. 따라서 위험한 식물이나 곤충이 없는지를 파악하고 유아들에게 안전교육을 실시하도록 한다. 이 외에도 땅이 파이거나 흙이 쓸려나가서 유아들이 활동을 하기에 불편하거나 위험한 곳은 없는지 사전에 점검하도록 한다. 이처럼 교사는 사전 답사를 통해 유아들의 안전을 위협할 만한 것들이 없는지 반드시 점검해야 한다.

또한 교사는 사전 답사를 통해 유아들이 놀이하는 주변에 어떤 식물과 곤충들이 있는지에 대해서도 모니터링 하는 것이 필요하다. 이와 같은 모니터링을 통해 교사는 유아들에게 어떤 주제를 통해 놀이와 활동을 제공할지에 대한 계획을 세울 수 있게 된다. 이러한 교사의 노력 역시 유아들이 숲에서 즐겁게 놀이 할 수 있는 환경을 제공하는 교사의 역할로 이해할 수 있다.

(3) 유아의 다양한 상호작용을 지원하는 교사

숲교육을 위해 교사는 유아들이 자연, 유아, 교사와 다양한 상호작용이 이루어질 수 있도록 해야 하며 이를 지원해 나가야 한다. 특히 유아들이 숲에서 만나게 되는 식물, 곤충 등은 주변에서 쉽게 볼 수 없기 때문에 막연한 두려움을 가지고 있을 수 있다. 그러나 이러한 두려움은 자주 접하지 못했기 때문으로 유아들이 관찰하고 탐색할 수 있도록 적절한 도구를 제공해 줄 필요가 있다. 즉, 사전에 교사가 관찰통이나 채집망, 루페 등을 준비해서 유아들이 보다 안전하게 관찰할 수 있도록 지원해야 할 것이다. 반면 다른 유아들은 곤충을 만났을 경우 어떻게 관찰해야 하는지를 몰라서 함부로 다루는 경우가 생길 수도 있다. 이럴 때도 교사는 곤충을 어떻게 관찰하는 것이 바람직한지에 대해 이야기를 나누고 모범을 보여줄 수 있다. 이러한 과정을 통해 유아는 교사의 적절한 지원 안에서 자연과 교감을 나누는 경험을 갖게 된다.

유아들이 자연물을 관찰하고 탐색하는 동안 유아는 주변의 유아 또는 교사와 다양한 의견을 교환하게 된다. 이때 교사 또한 유아들이 자유롭게 서로의 의견을 나누거나 질문하고 궁금한 점을 해결해 나가는 과정을 경험할 수 있도록 상호작용하는 역할이 필요하다.

(4) 유아의 생각과 표현을 격려하는 교사

유아들은 자유롭게 자연물을 만지고 느끼는 과정에서 자신의 다양한 생각과 감정 등을 표현하게 된다. 이때 교사는 유아들이 느끼는 생각과 감정들이 무엇이든지 자유롭게 표현할 수 있도록 하는 것이 필요하다. 때로는 유아들이 보이는 부정적이거나 두려움의 정서 역시 존중하고 숲에서 보다 긍정적인 경험을 해나갈 수 있도록 도와주는 것이 필요하다. 또한 유아들이 자신의 생각과 감정을 언어뿐만 아니라 신체 활동과 예술 활동 등을 통해서 표현할 수 있도록 충분한 시간을 제공하며 격려하도록 한다.

2. 숲에서의 안전

유아 숲교육을 위해서 적절한 환경을 갖추고 좋은 프로그램 내용과 교육을 하는 교사의 역량이 중요하지만 유아가 다치지 않고 안전하게 지내는 것이 무엇보다 중요하다. 따라서 교사는 항상 안전을 염두에 두고 숲교육을 진행해야 할 것이다. 안전한 숲교육을 위해 어떠한 준비가 필요하며 숲에서 발생할 수 있는 안전사고와 대처방법은 무엇인지를 살펴보고자 한다.

1) 안전한 숲교육을 위한 준비

'숲활동을 위한 나쁜 날씨는 없다. 나쁜 복장만 있을 뿐이다.'라는 말이 있다. 이 말의 뜻은 제대로 된 복장으로 숲에 간다면 날씨에 구애받지 않고 즐거운 숲활동을 할 수 있다는 의미이다. 교사의 복장이 편하고 활동을 진행하는 데 불편함이 없을수록 유아들과 숲에서 더욱 즐겁게 활동을 진행할 수 있으며, 교사의 바른 복장은 유아들의 복장에도 영향을 미칠 수 있다는 점을 고려할 때 교사는 안전한 복장을 착용하도록 해야 한다. 따라서 기본적으로 교사가 갖추어야 할 복장과 준비물은 무엇인지, 안전한 숲활동을 위해 지켜야 할 안전수칙은 무엇인지 알아보고자 한다(김은숙, 2019; 이소영, 2018; 임재택 외 2016; 장희정, 2010).

(1) 숲교육을 위한 교사의 복장

숲교육을 위한 교사의 복장은 기본적으로 움직임이 편해야 하며 땀을 잘 흡수하고 비를 맞거나 물에 젖어도 보온이 잘 되는 것이 필요하다.

- **상의:** 가급적 눈에 잘 띄는 원색을 입어 유아들이 교사를 한눈에 알아 볼 수 있도록 한다. 계절에 따라 달라질 수 있지만 가급적 한여름에도 반팔보다는 긴 상의를 입는 것이 좋다. 숲에서 활동을 하다보면 땀이 나기 때문에 건조가 잘 되고 땀이 차지 않는 옷을 입도록 한다. 또한 갑자기 추워질 수 있는 것을 대비해서 방수가 되고 방풍과 보온이 되는 상의를 입도록 한다.
- **하의:** 몸에 달라붙는 바지보다는 활동하기 편한 바지를 입도록 한다. 특히 숲에서 활동을 진행할 때 교사는 흙이나 돌 위에 앉아야 하는 경우도 많기 때문에 신축성과 내구성이 좋은 바지를 선택하도록 한다. 청바지나 면바지의 경우 젖으면 잘 마르지 않기 때문에 가급적 피하는 것이 좋다.
- **모자:** 머리는 흘러내리지 않게 묶는 것이 좋으며 햇볕이나 비를 막아주는 모자를 착용한다. 이때 유아들이 교사를 잘 알아볼 수 있도록 눈에 잘 띄는 원색의 모자를 착용해도 좋다. 또한 물에 잘 젖지 않는 방수성이 좋은 소재의

모자를 선택한다.

- **신발:** 가급적 등산화를 신는 것이 가장 좋지만 등산화가 없는 경우 장시간 걸어도 무리가 가지 않는 편한 운동화를 신도록 한다. 또한 미끄럽지 않으며 방수가 잘 되는 신발을 신는 것이 좋다.
- **가방:** 가방은 배낭이 적합하다. 숲교육을 위해 필요한 준비물과 비상약 등을 넣을 수 있는 적당한 크기의 배낭을 준비한다. 또한 어깨에 쿠션감이 있어서 장시간 배낭을 메고 있어도 어깨에 무리가 가지 않는 것이 좋다. 또한 수납을 자유롭게 할 수 있도록 다양한 주머니가 있는 것이 좋다. 손쉽게 활용할 수 있는 주머니에는 유아가 숲에서 놀이를 할 때 필요한 자료(관찰 도구, 비닐 팩)를 넣어 놓는다.
- **화장:** 진한 화장이나 향수는 숲에서 다양한 벌레나 벌을 부르는 원인이 되기 때문에 피하도록 한다. 자외선 차단제를 바르고 옅은 화장을 하는 것이 보다 바람직하다.

(2) 숲교육을 위한 교사의 준비물

교사가 숲에 나가기 위해 챙겨야 할 준비물에는 교사 자신을 위한 것과 유아를 위한 것, 활동을 위해 필요한 것 등으로 나누어 볼 수 있다. 교사의 준비물이 지나치게 많을 경우 유아들과의 활동에 방해가 될 수 있기 때문에 꼭 필요한 것들을 중심으로 준비하는 것이 필요하다.

- **비옷:** 갑작스러운 날씨 변화를 대비하여 비옷을 준비하도록 한다. 가능한 한 밝은 색의 가볍고 휴대하기 좋은 비옷을 선택한다.
- **물통:** 유아들이 개별적으로 물을 가지고 오기도 하지만 비상상황에 대비하여 넉넉하게 준비하는 것이 좋다. 휴대가 간편하고 가능하면 보온과 보냉이 잘 되는 것을 선택하며 물은 보리차보다는 생수를 준비한다.
- **돗자리:** 숲에서 유아들과 함께 모여 잠시 쉬거나 이야기 나누기, 동화듣기 활

동을 진행할 수 있기 때문에 유아들이 앉을 수 있는 넉넉한 사이즈를 준비하도록 한다. 또한 방수 기능이 있어서 추운 계절에 땅의 기운을 막아줄 수 있는 것이 좋다.

- **휴지, 수건 및 물수건:** 숲에서 휴지는 가급적 사용하지 않는 것이 좋으나 혹시 모를 상황에 대비하여 휴대용 휴지를 준비하는 것이 좋다. 면 소재의 수건을 준비하여 사용하도록 하며 준비한 물수건의 양이 부족한 경우에는 마른 수건에 물을 부어서 물수건으로 사용하도록 한다.
- **비닐 팩:** 숲에서 비닐 팩은 가급적 사용하지 않는 것이 좋지만 쓰레기를 담거나 유아가 자연물을 담기 원할 때 제공하도록 한다. 비닐 팩이 숲에 버려지지 않도록 한다.
- **여벌옷:** 유아들이 숲에서 옷을 버리게 되는 경우를 대비해서 여벌옷을 챙기는 것이 좋다.
- **비상연락망:** 위급한 상황에서 연락을 취해야 할 비상연락망을 미리 준비하여 소지하도록 한다.
- **비상약품(간단한 구급상자):** 숲에서 일어나는 안전사고를 대비해서 비상약품을 준비한다. 각종 연고, 소독약, 약솜, 밴드, 붕대, 면봉, 가위, 핀셋 등을 준비한다.
- **관찰을 위한 도구:** 유아들의 관찰을 도와줄 수 있는 루페, 채집통 등을 준비한다.

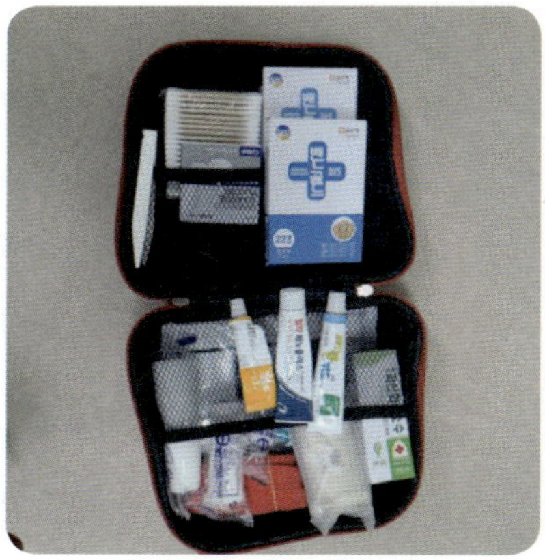

[사진 5-1] 교사가 준비해야 하는 비상약품

- **각종 목공도구:** 칼, 전지가위, 톱 등 가볍게 사용할 수 있는 목공용 도구를 준비하는 것도 좋다. 특히 유아들과 활동을 위해 나뭇가지를 자르거나 다듬어야 할 경우를 대비해서 전지가위는 항상 휴대하도록 한다.

- **활동을 위해 필요한 자료:** 교사가 유아들과 숲에서 계획한 활동을 위해 필요한 자료가 있을 경우 자료의 부족으로 활동에 방해가 되지 않도록 사전에 잘 점검하여 준비한다.

숲교육을 위한 유아의 복장

유아들이 숲으로 이동하는 과정과 숲에서 다양한 놀이를 하는 중에 쉽게 땀이 나게 된다. 옷이 젖을 만큼 땀을 흘리다가도 그늘에서 쉬거나 시원한 바람이 불어오면 금세 땀이 식어 추위를 느끼게 될 수도 있다. 또한 숲에서는 모기나 벌, 벌레 등을 만날 수 있기 때문에 유아 역시 적절한 복장을 갖추는 것이 중요하다. 무엇보다도 유아들이 숲에서 자유롭게 놀이를 하기 위해서도 적절한 복장이 반드시 필요하다. 유아들의 적절한 옷차림이 무엇인지 함께 살펴보고자 한다(이소영, 2018; 임재택 외, 2016).

〈옷〉

- 활동하기 편하고 벌레나 풀, 나뭇가지로부터 피부를 보호할 수 있는 긴팔과 긴바지를 입는다.
- 옷의 소재는 땀을 흡수하기 쉬운 면 소재나 땀이 빨리 마르는 소재의 옷이 적합하다.
- 날씨에 따라 옷을 입고 벗을 수 있도록 두꺼운 옷을 하나 입기보다는 얇은 옷을 여러 겹 입도록 한다.
- 옷의 색깔은 눈에 잘 띄는 원색이 좋다.
- 소매 끝이나 바지 끝에 몸에 붙는 옷(시보리 처리)을 선택해서 벌레가 몸속으로 들어가는 것을 예방하도록 하는 것이 좋다.
- 옷에 긴 끈이 붙어 있거나 커다란 장식이 다린 옷은 피하는 것이 좋다.
- 속옷과 양말 역시 땀에 잘 마르는 소재로 된 것을 입도록 한다.

〈모자〉

- 햇볕을 가리거나 비를 막기 위한 것으로 챙이 달린 모자를 선택하도록 한다.
- 가볍고 물이 새거나 스며들지 않도록 방수성이 좋은 모자가 좋다.
- 벌레나 이물질이 들어가는 것을 방지하기 위해 모자 뒤에 뒷가리개가 있는 것이 좋다.

〈신발과 가방〉

- 숲에 갈 때는 가능하면 등산화나 미끄럼 방지용 운동화를 선택하는 것이 좋으나 평소 유아

가 신던 편한 운동화라도 무관하다.

- 신발이 너무 미끄럽거나 물을 흡수하는 재질의 신발은 피하는 것이 좋다.
- 신발은 반드시 유아의 발에 맞는 것을 선택하도록 한다.
- 비오는 날이나 뱀이 나타나는 계절에는 장화를 신도록 한다.
- 가방은 유아에게 맞는 것을 메도록 하며 어깨끈에 쿠션감이 있는 것이 좋다.
- 가방 앞에는 가슴벨트가 부착되어서 가방이 쉽게 벗겨지지 않는 것이 좋다.
- 가방 양쪽에는 물통을 수납할 수 있는 주머니가 있어서 유아들이 쉽게 꺼낼 수 있는 것이 좋다.

〈기타〉

- 가방 안에는 간단한 간식을 준비해 오는데 단맛이 나거나 향이 강한 과자는 벌레를 부르기 때문에 오이, 당근, 토마토 등의 간식이 적합하다.
- 물통은 유아들이 마시기에 충분한 양의 물이 들어갈 수 있어야 하며 내구성이 좋은 것을 준비한다.
- 개인용 돗자리의 경우 아이가 앉을 수 있는 적절한 크기로 방수가 되는 것이 좋다.

(3) 숲에서 지켜야 할 규칙

숲은 유아에게 최고의 놀잇감이 되는 동시에 여러 위험한 요소들도 가지고 있다. 특히 숲에 있는 비탈길, 돌부리, 나뭇가지, 독버섯, 독초, 벌, 뱀 등은 대표적인 위험 요인이라고 할 수 있다. 따라서 교사는 유아들의 안전을 가장 염두에 두고 숲에서 다양한 활동을 진행해 나가야 할 것이다. 숲에서 안전하게 활동을 하기 위해 교사는 유아들에게 안전한 환경을 제공하는 것이 필요하다. 즉, 유아들이 활동하는 주변에 위험한 요소가 무엇인지 사전에 점검하고 제거해야 할 것이다. 그리고 무엇보다 중요한 것은 유아들 스스로 안전하게 활동할 수 있도록 숲에서 지켜야 할 안전규칙이 무엇인지를 알고 지키도록 해야 할 것이다. 유아들과 숲에서 안전한 활동을 위해 지켜야 할 안전규칙에 대해 살펴보면 다음과 같다.

- **숲에 있는 열매나 식물을 함부로 만지거나 먹지 않는다.**

숲에는 독성이 있는 식물이 많으며 때로는 만지는 것만으로 유아의 피부에 영향을 미칠 수 있는 식물이 있기 때문에(예: 옻나무, 쐐기풀, 두릅나무 등) 가급적 만지지 않도록 지도하는 것이 필요하다. 또한 숲에서 볼 수 있는 다양한 열매의 경우 색깔이 예쁘기 때문에 유아들의 관심이 크며 맛보고 싶어 할 수 있다. 그러나 열매에도 독성(예: 때죽나무 열매, 찔레꽃 열매 등)이 있을 수 있기 때문에 유아들이 함부로 먹지 않도록 지도해야 한다. 이를 위해 평소 먹을 수 있는 열매라 하더라도 유아들에게 맛을 보게 하는 행동은 하지 않는 것이 좋다. 유아들의 경우 교사와 함께 맛보았던 경험으로 인해 교사가 없을 때에 열매를 맛볼 수 있기 때문이다. 또한 숲에서 다양한 종류의 버섯을 만날 수 있게 되는데 버섯은 화려할수록 독이 있을 가능성이 높다. 따라서 사전에 숲에 있는 버섯을 함부로 만지거나 먹지 않도록 지도해야 한다.

- **숲에 있는 자연물을 함부로 훼손하지 않는다.**

유아들에게 숲에 있는 다양한 나뭇잎, 꽃, 열매 등은 좋은 활동 자료가 된다. 하지만 나무와 꽃도 생명이 있으며 숲을 지켜야 하기 때문에 지나치게 함부로 훼손하지 않도록 사전에 이야기를 나누는 것이 필요하다. 활동에 필요한 자료들을 구하기 위해 가급적 바닥에 떨어져 있는 것을 찾아보도록 한다. 만약 나뭇잎이 필요해서 나무에서 나뭇잎을 떼어야 할 경우 나뭇가지 전체를 꺾기보다는 나뭇잎을 뗄 수 있는 방법에 대해 알려주도록 한다.

- **숲에서 위험한 벌이나 뱀을 만났을 경우 교사에게 알린다.**

유아들과 숲에서 활동을 진행하는 중에 때로는 위험한 벌이나 뱀 등을 만나게 될 수 있다. 따라서 사전에 유아들이 어떻게 대처해야 하는지에 대해 알아보는 시간을 갖는 것도 필요하다. 또한 유아들은 곤충에 대해서 많은 호기심을 가지고 만져보고 싶어 하는데 독성이 없다 하더라도 곤충에 물리는 경우가 생길 수 있다. 따라서 친숙한 곤충이라 하더라도 항상 조심하고 잘 모르는 곤충일 경우에는 만지지 않도록 지도한다.

- **숲에서 가지고 노는 나뭇가지는 너무 길지 않는 것을 사용한다.**

유아들에게 숲에 있는 나뭇가지는 아주 흥미로운 놀잇감 중 하나이다. 그러나 유아들이 지나치게 긴 나뭇가지를 가지고 놀이하다가 자신이나 친구들을 다치게 할 수 있다. 따라서 유아들이 놀이할 수 있는 나뭇가지의 길이(예: 나의 팔보다 짧은 나뭇가지)에 대해 이야기 나누고 주의해서 놀이할 수 있도록 지도한다.

- **숲에서는 선생님이 보이고 목소리가 들리는 곳에서만 활동을 한다.**

  유아들이 숲에서 활동을 하다 보면 때로는 교사에게서 멀리 떨어진 곳까지 이동할 수 있다. 그러나 숲은 매우 넓기도 하고 또는 주변에 다른 등산객 등이 있기 때문에 유아 혼자서 멀리까지 가는 건 매우 위험하다. 따라서 교사는 항상 유아들이 어디에 있는지 확인해야 하며 사전에 너무 먼 곳까지 가지 않도록 규칙을 정하는 것이 좋다.

- **숲에서 이동할 때는 선생님보다 먼저 가지 않고 함께 이동한다.**

  숲에서 유아들과 활동을 할 때 장소를 이동해야 하는 경우가 있는데 이때 교사보다 앞서가지 않도록 지도해야 한다. 교사가 앞서 가는 이유는 길을 안내하기 위한 목적도 있지만 혹시 모를 위험한 상황을 사전에 발견하기 위함이다. 따라서 아무리 유아들에게 익숙한 길이라고 하더라도 교사와 함께 이동하도록 한다.

2) 숲에서 발생할 수 있는 안전사고와 대처방법

교사는 숲에서 유아들이 다치지 않고 안전하게 놀이할 수 있도록 환경을 제공하기 위해 노력하지만 불가피하게 다치는 경우가 발생할 수 있다. 따라서 교사는 숲에서 발생할 수 있는 다양한 안전사고에 적절히 대처할 수 있는 능력을 갖추어야 한다. 이를 위해 숲에서 발생할 수 있는 안전사고의 유형에 따라 어떻게 대처해야 하는지에 대해 살펴보고자 한다(권덕수, 김애란, 김지영, 우민정, 한진원, 2018; 신동주, 이상은, 김현경, 박영선, 2017; 신지연 외, 2019; 심윤희 외, 2018; 이소영, 2018).

(1) 벌에 쏘였을 때

사람을 공격하기 때문에 특히 주의해야 하는 벌의 종류로는 땅벌, 장수말벌, 말벌이 있다. 벌에 쏘인 후 심각한 알레르기 반응이 나타날 수 있는데(몸이 붓고 가려움, 피부가 창백해지고 식은땀이 나는 증세, 불안감, 구토, 호흡곤란, 경련 등) 생명을 위협할 수 있기 때문에 빠른 조치를 취해야 한다.

벌에 물리지 않도록 하기 위해서는 벌집을 건드리지 않고 벌을 만나게 되었을 때 가만히 있는 등 벌을 자극하지 않는 것이 중요하다. 또한 벌을 부르는 음식은 피하도록 하며 만약을 대비해 날씨가 더워도 모자와 긴 옷을 입는 것이 좋다.

■ 응급처치 방법

① 한 번 쏜 벌은 다시 공격할 가능성이 크기 때문에 벌이 없는 안전한 곳으로 이동한다.

② 피부에 벌침이 박혀 있는지 확인하고 피부에 침이 남아 있는 벌침은 신용카드 등을 이용하여 밀어서 제거하도록 한다. 벌침을 빼기 위해 핀셋이나 집게를 사용할 경우 벌독을 짜는 효과가 있을 수 있기 때문에 유의한다.

③ 벌침을 제거한 후에는 쏘인 부위를 물로 씻고 냉찜질을 하도록 한다. 쏘인 부위에 가려움과 통증만 있을 경우에는 스테로이드 연고를 바르면 도움이 된다.

④ 벌에 쏘인 후 알레르기 반응을 보이는 경우 즉시 병원으로 이송하도록 한다.

(2) 뱀에 물렸을 때

우리나라에 서식하는 뱀은 독사 3종을 포함하여 16종에 불과하지만 독이 있는 뱀에게 물릴 경우 주로 혈액독을 갖고 있어서 시간이 경과함에 따라 응고장애나 신기능장애의 합병증이 발생하게 된다. 따라서 뱀에게 물리지 않도록 사전에 예방을 하는 것이 가장 중요하다. 예를 들어 긴 옷을 입거나 발목까지 올라오는 신발을 신는 것 등이 있을 수 있으며 뱀이 주로 활동을 하는 시기에는 교사가 땅을 지팡이로 치며 이동하는 것이 필요하다.

■ 응급처치 방법

① 뱀에 물린 경우 움직임을 최소화하고 뱀이 없는 곳으로 옮긴 후 119에 신고를 한다. 뱀에 물린 후에 흥분해서 걷거나 뛰게 되면 오히려 독이 더 빨리 퍼질 수 있기 때문에 절대 안정을 취하도록 한다.

② 뱀에 물린 부위를 심장보다 낮게 하고 물린 부위에서 심장 방향 5~10cm 부위를 손수건이나 헝겊으로 묶는 것이 필요하다. 이때 지나치게 강하게 묶기보다는 손가락 하나가 들어갈 정도로 여유 있게 묶는다.

③ 물린 부위를 물로 씻어낸다. 이때 절대 입으로 빨거나 상처 부위에 얼음을 사용하지 않는다. 또한 구토, 복통 및 의식저하가 발생할 수 있으므로 음식물을 주지 않는다.

(3) 독성이 있는 식물을 접촉하거나 섭취했을 때

숲에 있는 식물 중에는 알칼로이드와 글리코시드의 성분을 가지고 있는 경우가 있어서 유아가 만지거나 섭취했을 때 중독을 일으킬 수 있다. 따라서 교사는 유아들이 놀이하는 주변에 독성이 있는 식물이 없는지 사전에 확인해야 하고 유아들에게는 잘 알지 못하는 식물을 함부로 만지거나 섭취하지 않도록 지도해야 한다. 또한 식물을 만진 후에는 얼굴을 만지지 않도록 지도한다. 이 외에도 숲에 올 때는 긴소매와 긴바지 옷을 착용하도록 한다.

■ 응급처치 방법

① 접촉으로 인해 가려움증이나 발진 등이 나타난 부위를 깨끗이 씻어내고 충분한 양의 알코올로 닦아내도록 한다. 이후 항히스타민제 연고를 바르고 증세가 호전되지 않는다면 병원 진료를 받도록 한다.

② 독성이 있는 식물을 먹은 후 복통, 구토, 설사, 메스꺼움, 호흡곤란, 발작 등과 같은 증상이 나타난다면 즉시 119에 신고하고 먹은 것을 토하도록 하며 유아가 먹었을 것으로 추정되는 식물을 가지고 병원에 간다.

(4) 진드기에 물렸을 때

진드기에 물리지 않기 위해서는 긴소매와 긴바지를 입고 소매 끝, 바지 끝이 피부에 달라붙는 옷을 입도록 한다. 이를 통해 진드기가 옷 속으로 들어오는 것을 예방할 수 있다. 모자 역시 뒷목을 완전히 덮을 수 있는 것이 좋다. 또한 숲에서 풀이 많은 곳에 그냥 앉기보다는 돗자리를 사용하도록 한다.

■ 응급처치 방법

① 진드기는 매우 작기 때문에 눈에 잘 띄지 않고 떼기도 어렵다. 진드기를 발견했다면 핀셋을 이용해 천천히 제거하도록 한다. 비틀거나 회전할 경우 진드기가 분리될 수 있기 때문에 주의하도록 한다. 만약 진드기를 제거하는 게 어렵다면 가능한 한 빨리 병원으로 후송한다.

② 진드기가 붙어 있던 부위는 빠르게 소독하는 것이 좋다. 또한 특별한 증상이 없다고 하더라도 병원에 가서 감염 여부를 판단하도록 한다.

(5) 눈에 이물질이 들어갔을 때

눈에 이물질이 들어갔을 경우에는 최대한 눈을 비비지 않도록 하는 것이 중요하다.

■ 응급처치 방법

① 물에 적신 거즈나 손수건의 끝부분이나 젖은 면봉으로 움직이는 이물질을 제거한다.

② 식염수로 눈을 씻도록 한다.

③ 눈에 박혀 있는 이물질은 억지로 빼내려고 하지 말고 두 눈을 감고 병원으로 간다.

(6) 귀에 벌레가 들어갔을 때

귀에 벌레가 들어갈 경우 유아가 많이 놀라서 몸을 흔들거나 흥분하게 되면 벌레 역시 놀라서 더 안으로 들어갈 수 있다. 일반적으로 귀에 벌레가 들어갔을 때 손전등을 비추라고 하지만 실제로는 큰 효과가 없다. 오히려 빛을 피해 더 깊은 곳으로 들어갈 수 있기 때문이다. 이 외에도 핀셋이나 면봉을 이용해서 빼내려고 하면 벌레는 더 피하려고 하다가 오히려 고막에 상처를 입힐 수 있기 때문에 주의해야 한다.

■ 응급처치 방법

① 무리하게 빼내려고 하지 말고 유아를 최대한 안정시킨 후 바로 병원으로 간다.

(7) 찰과상

유아들이 숲에서 놀이를 하다가 넘어지게 되는 경우 피부나 진피의 일부가 긁힘으로써 벗겨져 생기는 상처를 입게 된다. 찰과상의 경우 표피만의 상처 정도로 가벼운 것이라면 교사의 치료만으로도 충분하다.

■ 응급처치 방법

① 흙이나 더러운 것이 묻어 있는 경우 깨끗한 물로 씻어낸다.

② 상처 부위를 소독한 후 항생연고를 바르고 밴드를 붙여준다. 상처 자리에 탈지면을 대어주면 나중에 떼어 내기 어렵기 때문에 상처에 직접 대지 않도록 한다.

(8) 자상

자상은 예리하고 가는 물건(나무 가시, 부러진 나무 조각 등)에 의해 찔린 좁고 깊은 상처를 말한다. 가볍게 찔린 경우에는 간단한 응급처치를 통해서도 충분하지만 길이가 긴 조각이 박혔을 때는 주위의 피부까지 손상될 수도 있기 때문에 병원에 가서 치료하는 것이 필요하다.

■ 응급처치 방법

① 가볍게 찔린 경우 소독한 핀셋을 이용해서 제거한다.

② 상처를 소독하고 항생연고를 바른 후 밴드를 붙여준다.

(9) 절상

절상은 날카로운 칼 등으로 베인 상처를 말한다. 숲에서 유아들이 목공도구를 사용하다가 베이게 되는 경우가 생길 수 있다. 절상 역시 가벼운 상처는 응급처치로도 충분하지만 상처가 깊은 경우 지혈시킨 후 병원으로 간다.

■ 응급처치 방법

① 거즈를 대고 2~3분 정도 가볍게 압박해서 지혈한다.

② 소독약으로 소독하고 거즈를 댄 후 밴드를 붙여준다.

(10) 염좌 및 골절

유아들이 숲에서 활동을 하다가 넘어져서 발목을 삐거나(염좌) 부러지는(골절) 상처를 입을 수도 있다. 이때 유아를 편안한 자세로 쉴 수 있도록 하고 손상받은 부위는 높게 해준다. 골절이 의심될 경우 최대한 몸을 움직이지 않도록 한다.

■ 응급처치 방법

① 염좌의 경우 편한 자세로 쉴 수 있도록 한다. 부종과 통증을 감소시키기 위해 냉찜질을 해주며 손상받은 부위를 심장보다 높은 위치로 상승시킨다.

② 골절의 경우 유아를 이동시킬 경우 부러진 뼈 끝이 신경, 혈관 또는 근육을 손상시키거나 피부를 뚫어 복합 골절이 발생할 수 있기 때문에 주의한다.

③ 손상된 부위가 움직이지 않도록 나뭇가지 등을 이용해서 고정시킨 후 병원으로 후송한다.

(11) 코피가 날 때

유아의 경우 작은 충격으로도 코피가 날 수 있다. 코피가 날 때 고개를 뒤로 젖히면 코피가 목 뒤로 넘어가서 기도로 들어가게 되고 호흡곤란을 유발할 수도 있기 때문에 매우 위험하다.

■ 응급처치 방법

① 머리를 앞으로 숙여 코피가 목 뒤로 넘어가지 않도록 한다.

② 목 주위 옷을 느슨하게 하고 코를 풀지 않는다.

③ 양쪽 콧등을 손가락으로 세게 눌러 지혈한다.

④ 이마나 양쪽 눈 사이에 차가운 물수건이나 얼음을 활용하여 냉찜질을 한다.

실제편

볼 게 많은~

봄 숲놀이

봄은 해님이 데려온답니다~
해님은 봄바람과 봄비에게 부탁해서 땅을 녹이고
숲 친구들을 깨웁니다.
얼었던 땅이 녹아야 봄이 오니까요~

따뜻한 봄바람은 해님의 사랑이에요.
일어나~!! 하고 따뜻한 봄바람이 불어와 호~ 하고 포근하게 안아주면
숲 친구들 하나둘씩 눈 비비고 일어나네요.
숲속 친구들도 말을 하지요~
모양으로, 색깔로, 향기로~
하트 모양으로 사랑한다고 말하는 풀잎들,
화려한 색으로 나는 위험하니 조심하라고 하는 벌레들,
향기로 나에게 놀러 오라 하는 꽃들의 말에 귀를 기울여 보세요.
숲 친구들은 자신만의 언어로 이야기하고 자신만의 전략으로 살아가지요.

제때에 깨어나야 나의 봄을 맞을 수 있지요~
누구에게나 봄은 오지만 제대로 준비해야만 나의 봄을 만들 수 있지요.
봄에 꼭 해야 할 일은 꽃을 피우고 열매를 맺는 일이에요.

나의 봄에 어떤 열매를 맺었나요?

숲놀이 1 봄은 해님이 데려와요

활동목표

해님이 봄을 데려오는 것을 안다.

숲친구들을 깨워 봄이 온 것을 알려준다.

활동자료

부직포로 만든 해님

활동방법

1, 빨간색을 해 모양으로 자른다.

2, 노란색으로 하트 모양을 오려 붙인다.

3, 해의 뒷면에 손가락에 끼울 고리를 잘라 붙인다.

4, 해님을 손가락에 끼우고 꽃눈, 잎눈, 로제트 등을 깨운다.

활동순서

1. 해님 모양으로 자르기

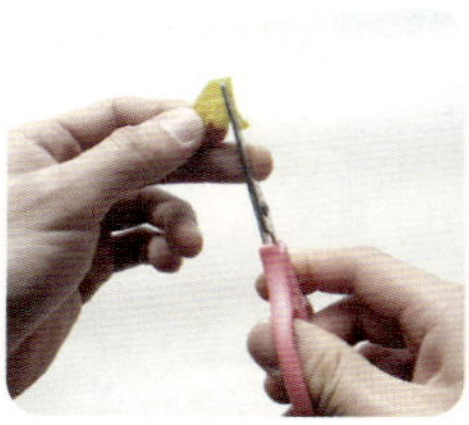
2. 하트 모양으로 자르기

3. 글루건으로 하트 붙이기

4. 손가락 고리 만들어 붙이기

개망초 로제트를 깨워요

산개구리 알을 깨워요

산수유 꽃눈을 깨워요

친구들이 서로를 깨워요

나뭇가지로 해님을 만들어 숲을 깨워요

솔밭에서 솔잎으로 만든 해님

스트로브잣방울로 만든 해님

지끈꽃으로 만든 해님

숲놀이 2 따뜻한 봄바람이 놀러와요

활동목표

해님이 봄바람과 함께 따뜻한 봄을 데려오는 것을 안다.
봄바람을 담아 선물을 한다.

활동자료

비닐백, 끈, 색깔 보자기

활동방법

1. 봄의 숲 색깔을 생각해 본다.
2. 다양한 색깔 이름을 말해보고 색깔 보자기를 나누어 준다.
3. 이리저리 바람을 느껴본다.
4. 비닐백을 꾸미고 봄바람을 담아 선물로 가져간다.

활동순서

1. 비닐백에 그림 그리기

2. 봄바람 담아보기

3. 마끈으로 묶어 날려보기

4. 봄바람 선물 데려가기

봄바람 색깔 리본으로 봄바람을 느껴본다

봄바람을 담았다

내가 생각하는 색깔로 숲을 바라본다

색 보자기로 숲을 덮어준다

봄바람을 볼에 대고 따스함을 느껴본다

봄바람 보자기에 봄바람을 튕겨 놀이한다

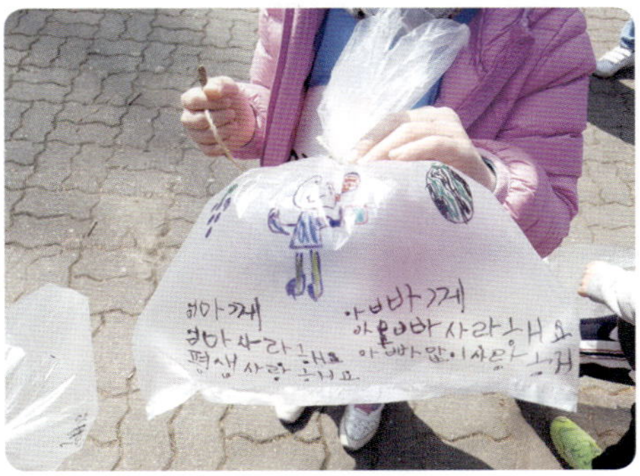

봄바람에 편지를 써서 선물을 한다

숲놀이 3 돌아다니는 배회성 거미랑 놀아요

활동목표

해님이 깨운 배회성 거미(돌아다니며 먹이활동을 하는)에 대해 알고 놀이 한다.

활동자료

찰흙, 돌멩이, 가는 나뭇가지, 작은 열매

활동방법

1. 낙엽 위를 돌아다니는 늑대거미류나 깡충거미들을 관찰한다.
2. 머리, 가슴, 배, 다리 8개 등 거미를 관찰한다.
3. 돌멩이를 찾아 찰흙을 붙이고 가는 나뭇가지로 다리를 꾸민다.
   (찰흙 부분이 머리, 가슴이 된다. 다리는 가슴 부분에 끼운다.)
4. 거미들이 모여 살 만한 곳에 거미 마을을 꾸며준다.

활동순서

1. 찰흙과 돌로 거미 몸 만들기

2. 다리 붙이기

3. 찰흙과 열매로 눈 만들기

4. 늑대거미 완성

늑대거미

솔방울로 만든 거미

만든 거미로 놀이하기

나뭇잎으로 만든 거미

거미 마을 꾸미기

숲놀이 4 꽃과자랑 봄을 먹어요

활동목표

봄꽃에 해님의 에너지가 들어 있음을 알고 꽃과자를 먹고 나의 봄을 잘 살아간다.

활동자료

무염과자, 잼, 진달래꽃이나 식용 이파리

활동방법

1. 진달래꽃을 찾아본다.
2. 진달래꽃의 특징을 알아본다.
3. 과자에 잼을 바른다.
4. 씻은 꽃잎이나 잎을 얹어 꽃과자를 만들어 먹는다.
   (꽃술은 알레르기가 있을 수 있어 먹지 않는다.)

활동순서

1. 먹을 수 있는 봄꽃 씻기

2. 과자에 잼 바르기

3. 봄꽃 올리기

4. 봄꽃 과자 완성

진달래야~ 고마워

생강나무 잎도 먹어요

서로를 축복하고 먹어보자

보크도 먹어요

숲놀이 5 목련꽃은 스케치북

활동목표 하얀 목련 꽃잎에 그림을 그리고 전시회를 해서 감상을 한다.

활동자료 목련 꽃잎, 나뭇가지

활동방법

1. 목련꽃을 찾아 만져본다.
2. 목련꽃의 특징을 알아본다.
3. 돌멩이 위에 놓고 나뭇가지로 꾹꾹 눌러 그림을 그려본다.
4. 손가락 끝이나 손톱으로도 그림을 그려본다.
5. 꽃자루 부분을 눌러 부드럽게 한 후 벌려 풍선도 불어본다.

활동순서

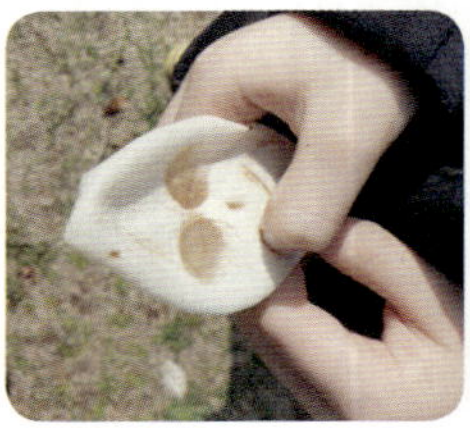
1. 손가락으로 누르기

2. 양쪽 엄지손가락으로 누르기

3. 손톱 끝으로 누르기

4. 나뭇가지 이용해서 그리기

활짝 핀 목련꽃

하준이는 겨울눈 껍질로 괴물 손톱을 꾸몄어요

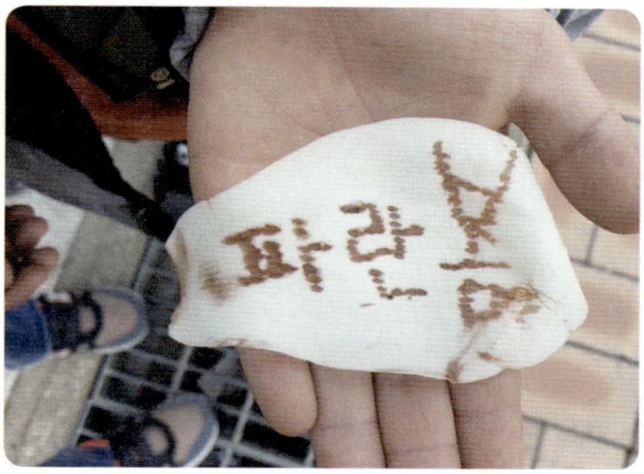

글자를 썼어요

그림을 그렸어요

숲 바닥에 전시를 해요

나무 그루터기에 전시를 해요

목련 꽃잎으로 풍선놀이를 하는 채린이

숲놀이 6 올챙이가 깨어났어요

활동목표 산개구리 알과 올챙이를 관찰하고 놀이한다.

활동자료 쌀포대 종이, 나뭇가지, 네임펜

활동방법

1. 물웅덩이 속 개구리 알, 올챙이를 관찰한다.
2. 개구리 알, 올챙이의 특징을 알아본다.
3. 쌀포대 종이를 올챙이 모양으로 자르고 색칠해서 꾸민다.
4. 꾸민 종이에 나뭇가지를 꽂아 꼬리를 표현한다.
5. 숲바닥에 웅덩이를 만들어 놀이한다.

활동순서

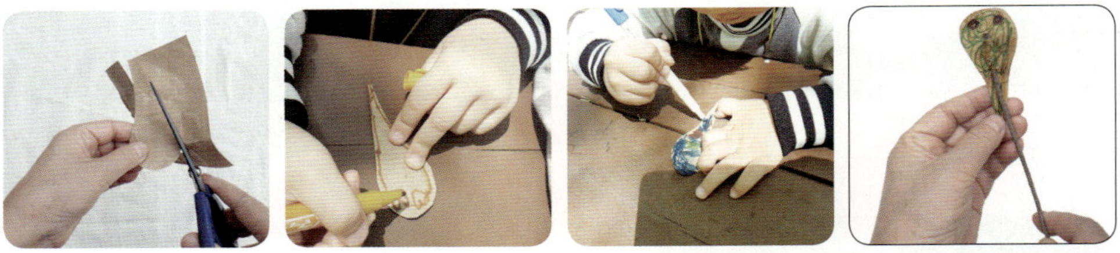

1. 올챙이 모양으로 오리기 2. 올챙이 표현하기 3. 색칠해 보기 4. 나뭇가지로 꼬리 만들기

2월 중순경 산개구리 알

3월 말경 올챙이 모습

참나무 잎으로 만든 올챙이

쌀포대 종이로 만든 올챙이

웅덩이를 만들고 있는 아이들

올챙이 놀이를 하는 아이들

숲놀이 7 아까시 꽃이 피었어요

활동목표 아까시나무 꽃으로 놀아보고 잎으로도 놀이한다.

활동자료 아까시나무 이파리, 가시, 눈스티커

활동방법

1. 잎으로 놀고 남은 아까시 나무 잎자루를 (사진 1)처럼 잡는다.
2. 세로로 세운 잎자루를 뒤로 돌려 감는다.
3. 계속 이어간다.

활동순서

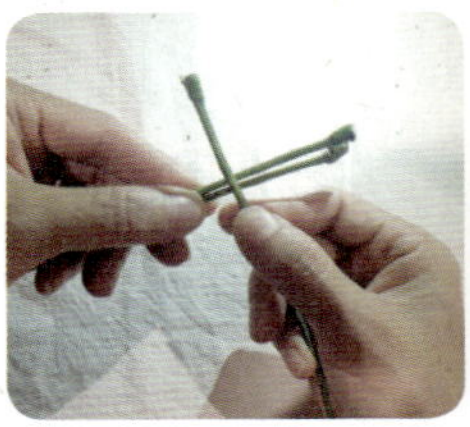
1. 사진처럼 잡기

2. 뒤로 돌리기

3. 돌려 감아 자신을 누르기

4. 계속 이어가기

숲속 멋쟁이들

이파리로 만든 인형

이파리를 훑어 만든 꽃

잎자루로 만든 지네

아까시 파마

잎자루로 만든 왕관

아까시 꽃 튀김

제 모습,
제 크기로 키우는~

여름 숲놀이

여름은 열매라는 뜻입니다.

더운 여름이 시작되지만
망종 절기에는 까끄라기가 있는 풀들이 씨를 익혀
여름 속 가을을 맞고, 하지 절기는 한여름을 알리며,
우리나라에 해님이 가까워 더욱 뜨겁게 느껴지는 때이지요.
여름 해님의 뜨거운 사랑은
아기 열매들 속으로 들어가 제 모습 제 크기로 키우지요.
밤은 밤 모양대로,
산수유는 산수유 모양대로,
도토리나무 열매는 도토리 모양대로~

나는 키울 열매가 있는지 생각을 해볼 때입니다!

숲놀이 1 잘 익은 버찌 물감놀이

활동목표 버찌를 모으고 찧어 물감을 만들어 그림놀이를 할 수 있다.

활동자료 빈 컵, 뽕뽕이 붓

활동방법

1. 나뭇가지에 뽕뽕이를 글루건으로 붙여 붓을 만든다.
2. 익어 떨어진 버찌를 빈 컵에 모은다.
3. 뽕뽕이 붓으로 컵에 모은 버찌를 찧는다.
4. 찧은 버찌에 스프레이로 물을 넣어 즙을 묽게 만든다.
5. 뽕뽕이 붓으로 나무나 돌에 그림을 그린다.

활동순서

1. 버찌 모으기

2. 모은 버찌 찧기

3. 물 넣기

4. 그려 주기

활짝 핀 벚꽃

아이들이 모은 버찌

버찌를 찧고 있는 아이들

담에 글씨를 쓰기

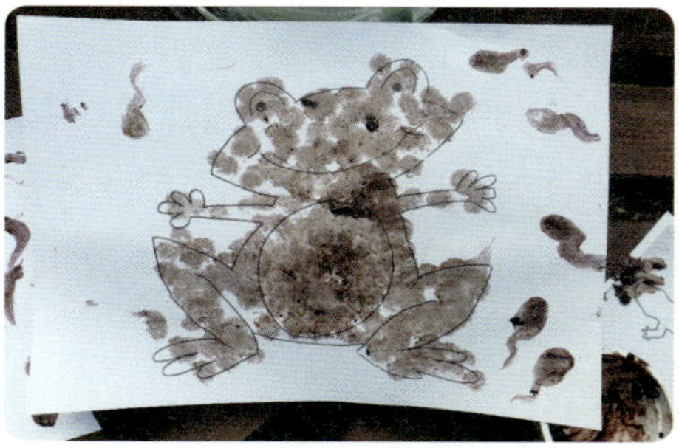
손가락에 버찌즙을 묻혀 그린 올챙이

나뭇잎에 얼굴을 그린 그림

떨어진 나뭇잎에 얼굴을 그린 아이들

쌀포대 종이로 만든 나비에 색칠하기

나무 얼굴을 그려주기

숲놀이 2 단오에는 부채를 선물해요

활동목표 박스종이를 재사용해서 부채를 만들 수 있다.

활동자료 박스종이, 나뭇가지, 가위, 목공풀, 풀잎과 꽃잎

활동방법

1. 박스종이를 원하는 모양으로 자른다.
2. 박스의 골에 목공풀을 쏘고 손잡이가 되는 나뭇가지를 꽂는다.
3. 목공풀을 바르고 풀잎이나 꽃잎으로 부채를 꾸민다.
4. 서로 부쳐주는 시원한 부채놀이를 한다.

활동순서

1. 골판지에 나뭇가지 꽂기

2. Y자 그리기

3. 나뭇잎 붙이기

4. 골판지 사이에 목공풀 바르기

버찌즙으로 꾸민 부채

바람이 나오는 나무

다양한 모양의 부채

하트 모양의 부채

숲놀이 3 노래하는 매미랑 놀기

활동목표 매미의 생태를 알고 매미를 만들어 놀이할 수 있다.

활동자료 찰흙, 작은 돌멩이, 콩만 한 돌이나 열매, 나뭇잎 두 장

활동방법

1. 매미를 만들 돌멩이를 찾는다.
2. 매미의 등이 될 부분에 찰흙을 콩만큼 붙인다.
3. 나뭇잎 두 장을 붙여 날개를 표현한다.
4. 눈 부분에도 찰흙을 붙여 돌멩이로 눈을 표현한다.
5. 매미의 배 부분에 찰흙을 바르고 나무에 붙인다.

활동순서

1. 돌에 찰흙 붙이기(매미 날개 자리)

2. 나뭇잎으로 날개 표현하기

3. 열매로 매미 눈 표현하기

4. 매미 완성

뾰족한 입까지 표현한 매미

다양한 잎으로 꾸민 매미

매미 동네 꾸미기

색종이로 날개를 표현하기

'네가 매미니?' 게임하기

열매로 꾸민 매미

숲놀이 4 강아지풀로 놀기

활동목표 강아지풀의 특징을 알고 안전하게 놀이한다.

활동자료 강아지풀

활동방법

1. 강아지풀의 이삭 2개를 나란히 잡고 묶는다.
2. 토끼가 된 강아지풀을 팔이나 머리에 묶는다.

활동순서

1. 이삭을 엇갈리게 잡기

2. 반대편 이삭 쪽으로 감기

3. 끝까지 감은 이삭을 줄기 등에 꽂기
반대쪽도 같은 방법으로 감아 당기기

4. 1cm를 남기고 감아 줄기 끝을 잡고 양쪽에서 당기기

5. 다른 두 개의 이삭도 같은 방법으로 감고 틈에 끼워 당기기

6. 먼저 감은 몸통에 얼굴 부분 줄기 끼우기

7. 얼굴 반대쪽에 꼬리 만들기

8. 완성

토끼 팔찌로 멋쟁이 되기

강아지 완성!

비행기 타고 날아 볼까?

반지를 끼고~

강아지풀대로 별을 만들었어요

숲놀이 5 풀잎, 꽃잎을 물들여요

활동목표 다양한 모양과 색깔의 풀잎과 꽃잎으로 염색을 한다.

활동자료 손수건, OHP필름, 동전, 풀잎과 꽃잎

활동방법

1. 책상에 손수건을 편다.
2. 원하는 풀잎을 얹는다.
3. OHP필름을 덮고 동전으로 풀잎의 가장자리부터 문지른다.
4. 원하는 디자인이 나올 때까지 염색한 후 전시를 한다.

활동순서

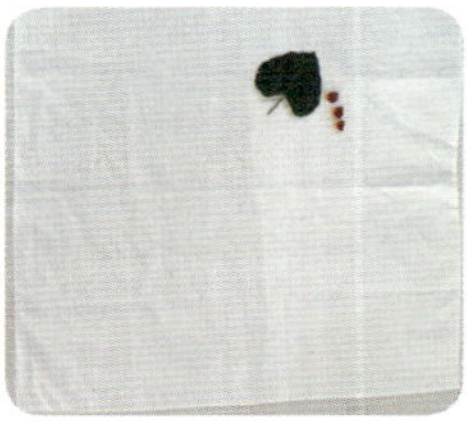

1. 손수건에 풀잎, 꽃잎 올려놓기

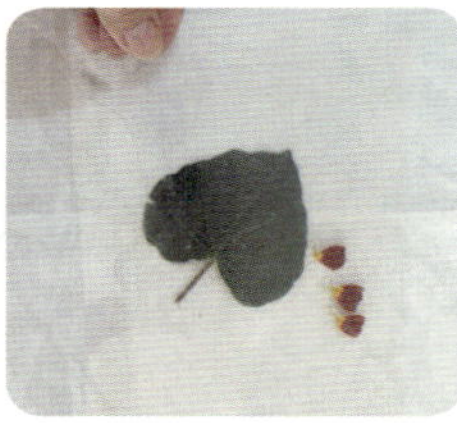

2. OHP필름 덮기

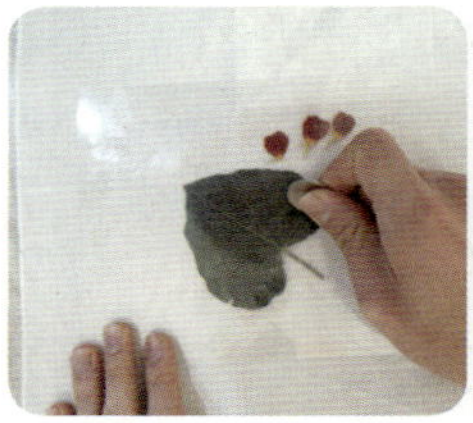

3. 동전으로 문지르기

4. 완성하여 전시하기

빨간 장미로 물들인 손수건

컵 받침에 염색하기

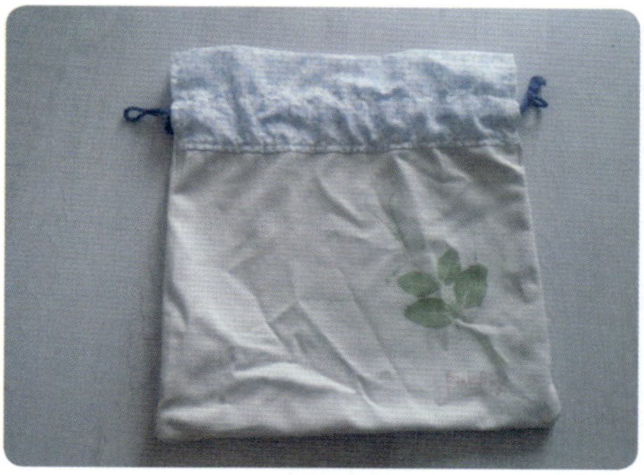

천 주머니에 염색하기

나무판에 염색하기

얼굴 보호용 손수건

내 이름도 쓸 수 있어요

가을에는 단풍 든 단풍잎으로 염색하기

숲놀이 6 담쟁이 덩굴로 놀아요

활동목표 담쟁이덩굴의 잎자루를 이용해 안경을 만들어 본다.

활동자료 담쟁이덩굴, 잎, 가는 나뭇가지

활동방법

1. 같은 크기 담쟁이덩굴 잎 두 장을 준비한다.
2. 이파리 부분을 겹치고 접어 동그란 구멍을 뚫는다.
3. 잎의 중간 부분을 겹쳐서 가는 나뭇가지로 바느질하듯 고정시킨다.
4. 얼굴에 쓰고 잎자루를 귀에 걸고 잎자루를 접는다.

활동순서

1. 반으로 접기

2. 3등분하여 접기

3. 반달 모양으로 자르기

4. 가는 나뭇가지로 두 개를 연결하기

선글라스를 쓴 멋쟁이 자매

큰 잎은 가면으로도 쓸 수 있어요

오페라를 보러 갈 때는 가면이 필수지요~

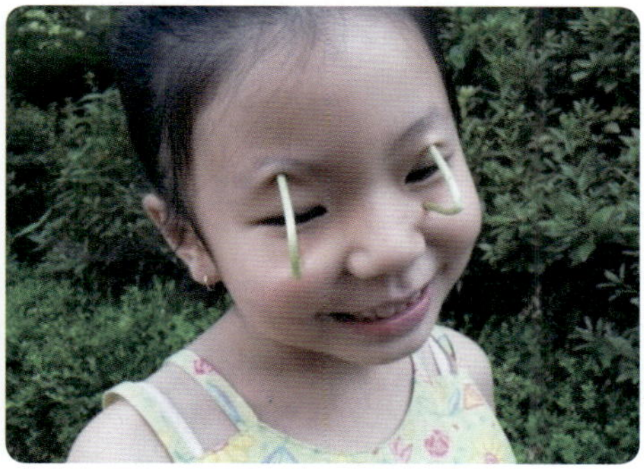

졸릴 땐 이렇게~

숲놀이 7 나무 얼굴을 그려주어요

활동목표 찰흙을 눌러 붙여 나무의 얼굴을 꾸며준다.

활동자료 찰흙, 지점토

활동방법

1. 내 나무를 정한다.
2. 찰흙을 떼어 눈, 코, 입을 만들어 준다.
3. 주변의 자연물들로 꾸며준다.

활동순서

1. 찰흙으로 얼굴 표현하기

2. 자연물을 이용해서 표현하기

3. 다양하게 표현하기

4. 나무 얼굴 감상하기

참나무의 얼굴은 이렇게 생겼어요

소나무의 얼굴이에요

사랑에 빠진 나무 얼굴

장군 같은 나무 얼굴

지우와 채량이의 우정의 나무

부러진 나무의 얼굴

맛있고
매력적으로 익히는~

가을 숲놀이

가을은 여름 동안 제 모양 제 크기대로 키운 열매를
먹음직스럽게 익혀 나누어 주는 때이지요.
가을이라는 뜻은 '갈다'라는 뜻이에요.
나뭇잎은 초록에서 다양한 색의 단풍으로 바뀌어요.
열매는 봄에는 맺어지고,
여름에 제 크기로 키우고, 가을은 맛있게 익히는 때지요.

여름 열매는 나뭇잎과 같은 색으로 "나~ 찾아봐라~~!!" 하고 숨바꼭질하다가,
가을이 되면, 열매는 자신을 키운 해님을 닮아 둥글고 붉게 익어~
"나는 맛있어~ 나를 먹어줘"라고 말을 하지요.
빨간색을 좋아하는 새들은 맛있게 열매의 과육을 먹고 씨앗의 발아를 돕고
이동까지 돕게 되지요

열매들은 새들의 도움을 받아 이동과 번식을 하네요.
열매들의 지혜를 배워 봅니다.

숲놀이 1 무궁화 꽃이 피었습니다

활동목표 무궁화 꽃을 붙여 닭이 되어보자

활동자료 무궁화 꽃

활동방법

1. 무궁화 꽃을 채취한다.
2. 두꺼운 꽃자루 쪽을 편으로 반 가른다.
3. 이마와 턱에 붙인다.

활동순서

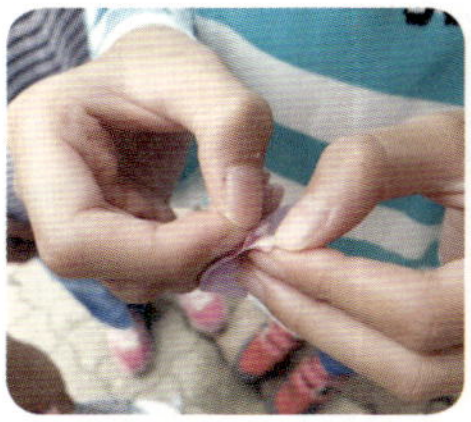

1. 두꺼운 부분 가르기

2. 조금 더 벌리기

3. 코에 붙이기

4. 완성

서정이 손등에 나비가 앉았어요~

닭으로 변신한 하준이와 시은이~

접시꽃 귀걸이로 멋 좀 내볼까?

공룡 같나요?(히비스커스)

나비가 된 무궁화 꽃

떨어진 꽃으로 사람을 만들었어요

숲놀이 2 풀잎 스티커로 디자인해 볼까요?

활동목표 환삼덩굴 잎을 옷에 붙여 자유롭게 꾸밀 수 있다.

활동자료 환삼덩굴 잎

활동방법

1. 손이 갈퀴에 찔리지 않게 조심해서 잎을 딴다.
2. 매끄럽지 않은 재질의 옷에 붙인다.
3. 자유롭게 붙여 디자인을 완성한다.

활동순서

1. 뒷면에 있는 갈퀴 확인하기

2. 옷에 붙이기

3. 디자인을 생각하며 옷에 붙이기

4. 완성

내 옷 어때요?

단조로운 빨간색을 화려하게~

화려한 스타일로~

나는야~ 패셔니스타

내 옷이 젤 이쁘게 됐지요?

숲놀이 3 거미줄을 만들자

활동목표 다양한 방법의 거미줄을 만들 수 있다.

활동자료 지끈, 나뭇가지 3개, 긴 나뭇가지 1개

활동방법

1. 3mm, 15cm 길이의 나뭇가지를 3개 준비한다.
2. 한 개의 중앙에 끈을 묶어 3개를 겹쳐서 돌리면서 차례대로 감는다.
3. 완성한 후 긴 나뭇가지에 여러 개를 길고 짧게 묶어 모빌을 완성한다.

활동순서

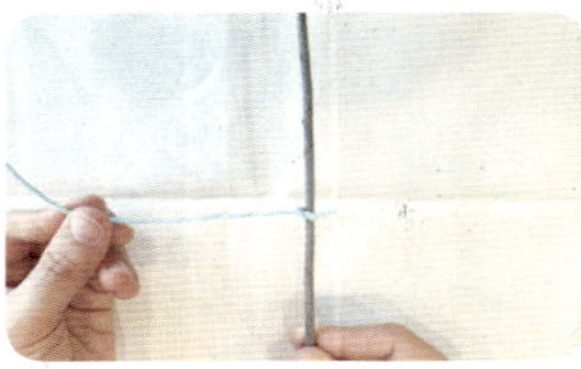

1. 지끈을 가운데에 묶기

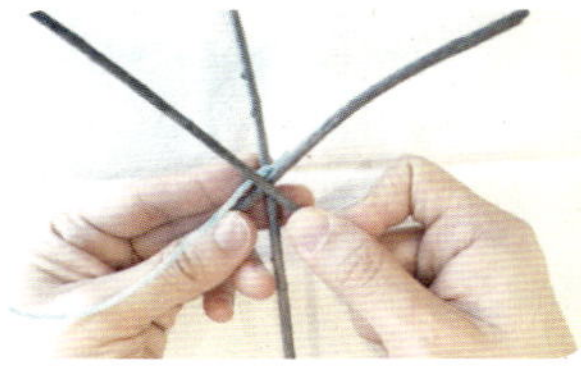

2. X자 모양으로 잡기

3. 3개의 나뭇가지가 겹치는 부분을 지끈으로 고정하기

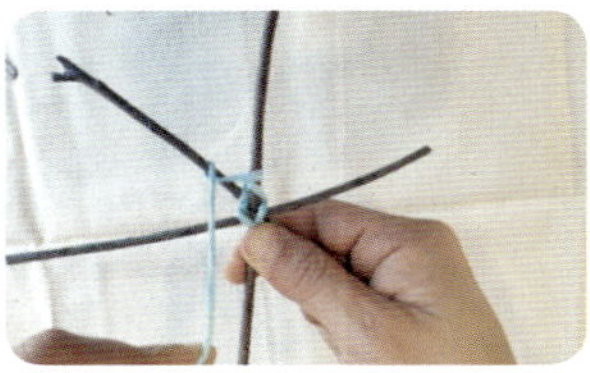

4. 바로 옆 나뭇가지에 한 바퀴 돌려 감기

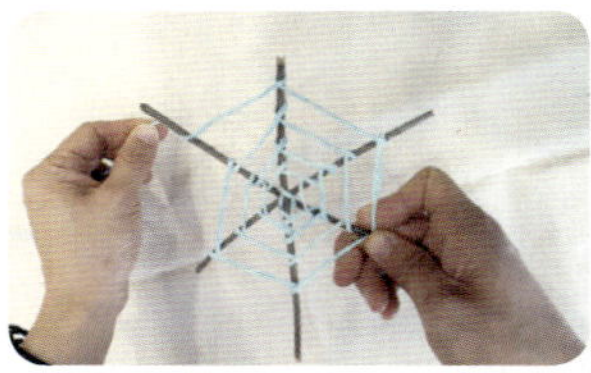

5. 계속 돌려가며 감기

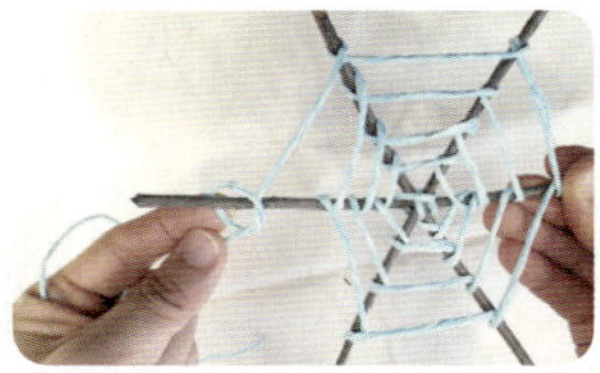

6. 거미줄 형태가 나오면 마무리하기

실의 색깔에 따라 다른 분위기의 거미줄

거미와 곤충놀이를 하는 아이들

아주 커다랗게 만들어 전시를 한다

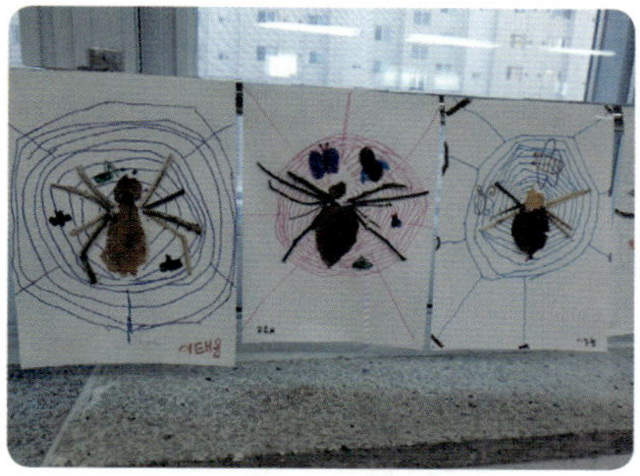

종이에 거미와 함께 꾸민다

여러 가지 색으로 멋내기

도토리를 넣어 만들기

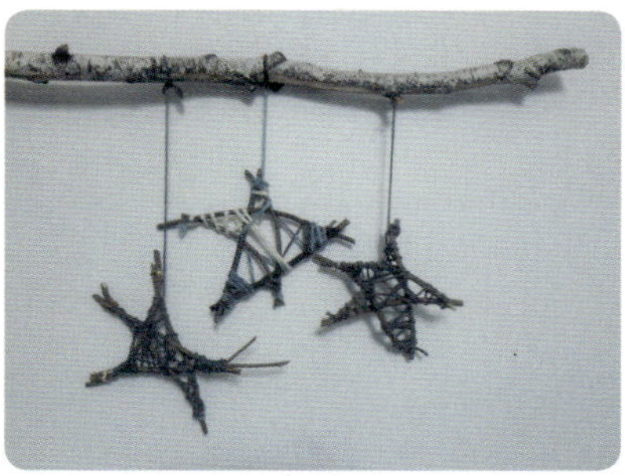

별 모양의 거미줄

바닥에 나뭇가지로 거미줄 만들기

풀을 엮어 만든 거미줄

바닥에 거미줄을 만들고 신발 넣기 놀이

숲놀이 4 도토리의 꿈을 이루어 줄까나?

활동목표 도토리를 찾아 도토리 요정을 만들 수 있다.

활동자료 도토리, 찰흙, 열매나 작은 돌, 나뭇잎 등 자연물

활동방법

1. 도토리를 모은다.
2. 찰흙 속에 도토리를 넣고 둥글게 빚는다.
3. 빚은 모양에 얼굴을 꾸민다.
4. 나뭇가지로 몸을 완성하고 참나무 아래에 꽂아 마무리한다.

활동순서

1. 찰흙을 빚어 도토리 올리기

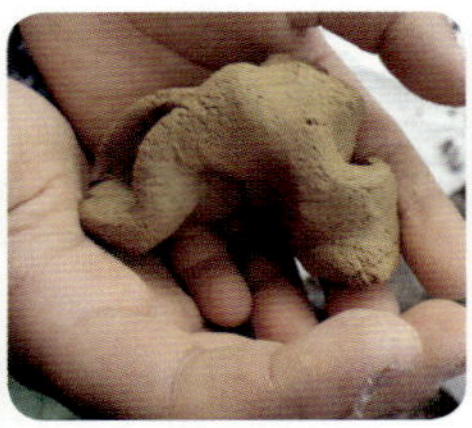
2. 도토리를 찰흙 속에 숨기기

3. 동그랗게 빚기

4. 도토리가 꿈을 꿀 수 있도록 좋은 자리에 놓기

찰흙 속에 숨긴 도토리

요정으로 꾸민 열매들

토끼 모양도 있네요~

도토리~ 없다!!

요정의 머릿속에는 도토리가 있어요~

로봇으로 꾸민 도토리 요정

오호~!!

엄마와 딸~

멋쟁이 요정

상수리 뚜껑을 쌓기놀이

도토리야~ 사랑해

실제편

숲놀이 5 벚나무 잎의 변신

활동목표 나뭇잎으로 부엉이 액자를 꾸밀 수 있다.

활동자료 나뭇잎, 종이 눈 스티커, 나뭇가지, 종이 접시

활동방법

1. 잎자루를 위로 가게 세로로 반을 접어 1/3 지점을 사선으로 가르고 다시 접어 잎자루를 끼운다.
2. 눈을 붙인다.
3. 나뭇가지를 꽂아 나뭇가지에 앉은 표현을 한다.
4. 종이 접시 가장자리에 다양한 색의 단풍잎을 찢어 붙여 꾸민다.
5. 만든 부엉이를 붙이고 전시한다.

활동순서

1. 반을 접고 45도 방향으로 자르기

2. 자른 잎을 펴고 앞쪽으로 접기

3. 아래쪽 잎을 손톱으로 뚫고 잎자루를 꽂기

4. 눈 스티커를 붙이고 나뭇가지에 앉아 있듯이 나뭇가지에 꽂기

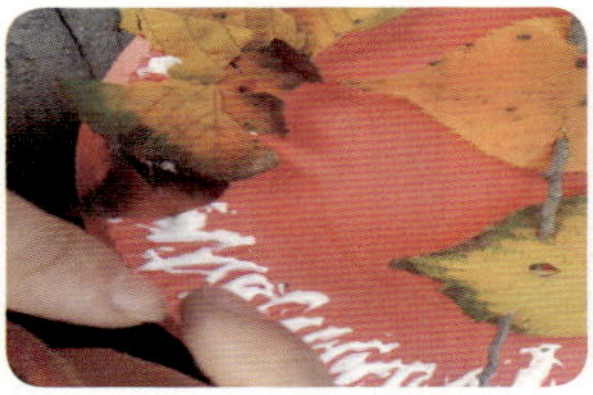

5. 종이 접시 가장자리에 단풍잎을 뜯어 붙이기

6. 완성

종이 접시에 꾸민 부엉이 액자

박스 종이에 꾸몄어요

액자 전시회

다양한 나뭇잎을 이용해 만들어요

참나무 잎으로 만들기

다양한 색깔의 단풍잎으로 꾸미기

나무에 전시하기

액자틀을 만들어 전시하기

느티나무 잎으로 만들기

네모난 액자로 꾸미기

숲놀이 6 새들아~ 밥 먹을 시간이야

활동목표 빨간 열매들의 번식 전략을 알고 정성껏 밥상을 차릴 수 있다.

활동자료 다양한 열매들, 도토리 모자, 나뭇잎, 가는 나뭇가지, 돌

활동방법

1. 다양한 열매들을 모은다.
2. 숲친구들이 올 만한 장소에서 열매들로 소꿉놀이를 한다.
3. 나뭇잎 그릇이나 도토리 모자에 열매를 담고 밥상을 차린다.
4. 동물들의 도움을 받아 이동과 번식하는 열매들의 지혜를 생각하며 잘 먹어라 인사한다.

활동순서

1. 나뭇잎 그릇과 도토리 모자, 돌멩이 준비하기

2. 나뭇잎 그릇에 모아온 열매 담기

3. 새들이나 동물들이 좋아할 열매를 맛있어 보이게 차리기

4. 완성

밥상을 차리고 있는 아이들

찰흙으로 만든 그릇에 차린 밥상

후춧가루를 만들어 뿌리고 있는 아이들

도토리 뚜껑에 차린 밥상

영아들이 차린 밥상

산딸나무 열매 사탕

열매 밥상

숲놀이 7 나뭇잎은 변신쟁이

활동목표 단풍 든 잎으로 다양한 만들기를 할 수 있다.

활동자료 다양한 나뭇잎, 나뭇가지, 마끈

활동방법
1. 단풍잎을 나란히 차곡차곡 겹쳐서 모은다.
2. 나뭇가지를 대고 묶는다.
3. 완성된 요술봉으로 마법을 부리며 논다.

활동순서

1. 단풍잎을 차곡차곡 모으기

2. 모은 단풍잎을 나뭇가지에 대고 묶기

3. 단단하게 묶기

4. 완성

일본목련 잎 화살촉

벚나무 잎을 묶은 요술봉

향기로운 계수나무 잎 막대사탕

계수나무 잎을 꽂아 감자칩 만들기

은행잎 장미꽃 요술봉

플라타너스 잎으로 가면 만들기

무지개 보자기에 단풍잎 날리기

참나무 잎에 편지쓰기

비닐봉지에 낙엽 넣어 동물 만들기

낙엽 날리기 놀이

겨우겨우 지내는~

겨울 숲놀이

겨우겨우 살아가서 겨울이라고 하지요~
숲 친구들은 추위를 지혜롭게 잘 이겨나가야 합니다.
제대로 겨울 지낼 준비를 하지 않으면 내년 봄은 없으니까요.
그만큼 숲 친구들은 지내기 힘든 계절이지요.
늦가을 땅이 얼기 전에 자신만의 방법으로 겨울준비를 해야 하지요.

숲속 친구들은 번데기로, 알로, 성체로 겨울을 지내기도 하고,
새들이나 청설모처럼 겨울잠을 자지 않고 겨울을 지내는 친구들도 있지요.
각자의 전략으로 겨울을 준비하고 나지요.
제대로 준비를 해야만 봄을 맞이할 수 있기 때문이에요!

겨울 나무들은 물을 뿌리에 저장하고 겨울잠을 자면서
따뜻한 봄을 그리워하며 해님이 깨울 때를 기다리고 있지요.
여름부터 만든 꽃눈에 새로운 꿈을 가득 담고 말이에요.

겨울에는 우리들도 나를 제대로 돌아보고
나의 겨울눈 속에서 어떤 꽃을
피울지 공부해 보아요~

숲놀이 1 빼빼로를 만들어 보자

활동목표 물 묻은 나뭇가지를 흙에 뒹굴뒹굴 굴려 빼빼로를 만들 수 있다.

활동자료 나뭇가지, 감자칼, 물, 흙가루

활동방법

1. 다양한 굵기와 길이의 나뭇가지를 모은다.
2. 감자칼로 깎는다.
3. 물을 바르고 흙을 긁어 나뭇가지에 묻히고 말린다.
4. 단풍잎을 뜯어 빨간색은 '딸기가루'라고 하며 다양한 가루를 묻힌다.
5. 빼빼로 가게놀이를 한다.

활동순서

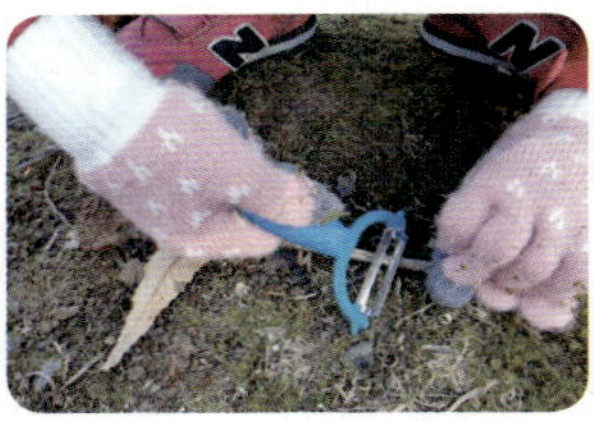

1. 감자 칼로 나뭇가지의 껍질 깎기

2. 나뭇가지에 물을 묻히기

3. 흙가루 묻히기

4. 뒹굴뒹굴 흙 묻히기

5. 해가 좋은 곳에 말리기

6. 완성

친구들과 둘러 앉아 빼빼로공장 놀이를 하기

햇볕에 빼빼로를 말리고 있다

흙 초콜릿이 가득 묻은 빼빼로

딸기맛, 녹차맛 빼빼로

미국자리공 즙을 찧어 블루베리맛 신제품 빼빼로를 만들었다

숲놀이 2 얘들아~ 생선구이 먹자!!

활동목표 낙엽을 물고기로 꾸밀 수 있다.

활동자료 지끈, 나뭇가지 3개, 긴 나뭇가지 1개

활동방법

1. 밤나무잎-고등어, 졸참나무-멸치, 상수리잎 2장-갈치, 떡갈나무잎-광어
2. 밤나무잎의 주맥 방향으로 나뭇가지를 바느질하듯 꽂는다.
3. 나뭇잎을 세모로 접고 밤나무 잎자루에 끼워 아가미를 만든다.
4. 다양한 종류의 물고기를 만든다.

활동순서

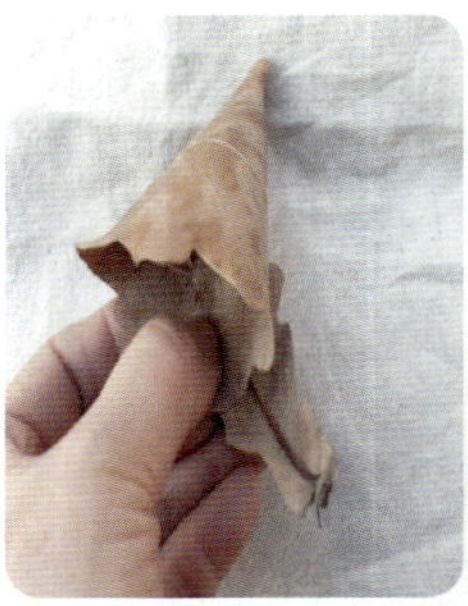

1. 아가미가 되도록 세모로 접기

2. 나뭇가지로 아가미 바느질하기

3. 등뼈가 될 나뭇가지 꽂기

4. 눈 붙이기

잔디밭 바다를 헤엄치는 물고기

생선 말리기

생선구이 놀이를 하는 어린이들

생선가게 놀이

낚시놀이

어디나 숲으로 변할 수 있어요

나만의 물고기 꾸미기

숲놀이 3 하얀 눈으로 놀아보자

활동목표 눈으로 다양한 놀이를 할 수 있다.

활동자료 나뭇가지

활동방법

1. 눈이 고르게 깔린 곳을 찾는다.
2. 나뭇가지를 찾는다.
3. 나뭇가지로 눈 바닥에 그림, 글씨 등을 다양하게 그리고 쓰면서 논다.

활동순서

1. 나뭇가지를 가지고 모이기

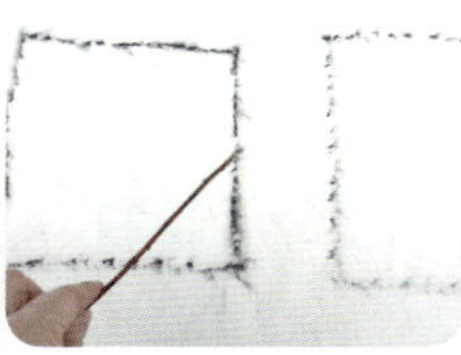
2. 나뭇가지로 그리기

3. 자유롭게 그려보기

5. 완성

눈이 온 바닥에 그림 그리기

아이스크림 가게

눈 아이스크림 만들기

눈으로 만든 토끼사탕

눈 케이크

눈 내린 바위에 누운 눈사람

바람이 부는 날 눈을 쓸어내고
만든 눈사람

당근 코를 붙인 올라프

눈 내린 화분에 머리를 붙인 눈사람

눈 내린 나무그루터기에 나뭇잎 꽂기놀이

실제편

숲놀이 4 얼음으로 놀아 보자

활동목표 얼음을 매달아 음악연주 놀이를 할 수 있다.

활동자료 얼음, 나뭇가지, 열매들

활동방법

1. 숲에서 얼음을 찾는다.
2. 마끈으로 고정시키고 나뭇가지에 길게 묶는다.
3. 다양한 두께와 크기의 얼음을 매단다.
4. 나뭇가지로 두들겨 음악놀이를 한다.

활동순서

1. 그릇에 물을 담고 씨앗 넣기

2. 한쪽에 끈을 넣기

3. 새들이 잘 다니는 길목에 두기

4. 물이 얼면 빼기

5. 나뭇가지에 매달기

숲에서 찾은 얼음을 나무에 매달고 있다

꽃이나 열매를 넣어 얼린 얼음

눈얼음이 언 계곡에서 놀이하기

낙엽 화석얼음

감자칼로 깎은 얼음

얼음을 톱으로 자르기

숲놀이 5 낙엽으로 놀아 보자

활동목표 다양한 색의 낙엽을 찾고 놀 수 있다.

활동자료 무지개 우산 보자기, 다양한 색의 단풍 든 잎

활동방법

1. 무지개 우산 보자기를 편다.
2. 무지개 보자기의 색과 비슷한 단풍잎을 찾아온다.
3. 펼쳐놓은 보자기 위에 단풍잎을 놓는다.
4. 빙글 돌면서 놀이한 후 보자기 끈을 잡고 팡팡 쳐서 날리는 놀이를 한다.

활동순서

1. 무지개 보자기에 단풍잎 모으기

2. 모은 단풍잎 튕기기

커다란 보자기에 팡팡 튕기기

낙엽 이불 덮기

낙엽 빗자루

낙엽 인형 만들기

낙엽 제기와 낙엽 샌드백

낙엽 고깔모자

숲놀이 6 Y자 나무를 찾아라

활동목표

배려하는 나무의 마음을 알고 숲에 떨어져 있는 Y자 나뭇가지로 놀 수 있다.

활동자료

Y자 모양의 나뭇가지, 고무줄

활동방법

1. Y모양의 나뭇가지를 찾는다.
2. 양쪽 가지에 고무줄을 묶는다.
3. 열매를 쏘아 새들이 놀라지 않게 한곳에 모아준다.
4. 살아 있는 나무에 긴 고무줄을 묶어 놀이할 수도 있다.

활동순서

1. Y자 나무 찾기

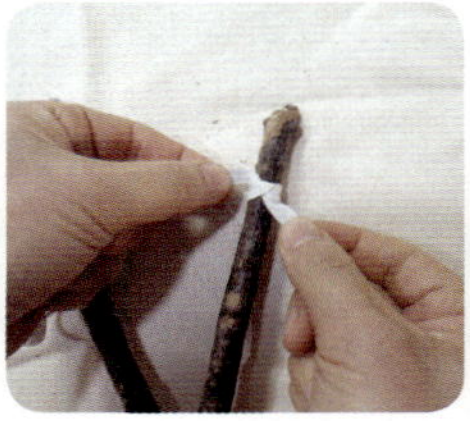
2. Y자 한쪽에 고무줄 묶기

3. 반대쪽에도 고무줄 묶기

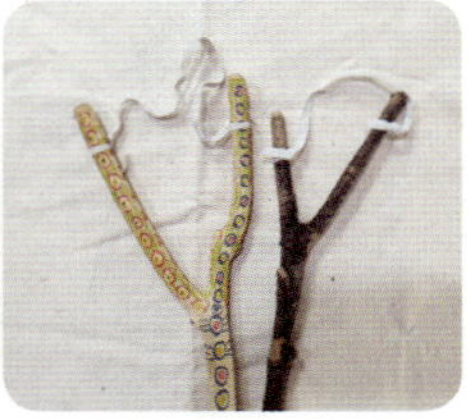
4. 유성 매직으로 꾸며 보기

Y자 모양 나무 새총

c자 모양 나무 활

활을 쏘고 있는 어린이

단체로 활을 쏘고 있는 어린이

두 그루의 나무로 활을 쏘고 있는 어린이들

활을 쏘는 선생님들

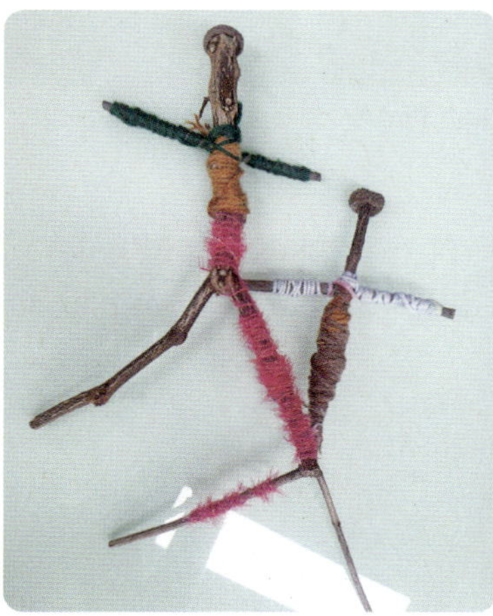

Y자 나무로 만든 인형

숲놀이 7 열매와 나의 꿈을 심어보자

활동목표

열매들의 꿈을 알고 나의 꿈과 함께 심어본다.

활동자료

다양한 열매들, 찰흙

활동방법

1. 다양한 열매들을 찾는다.
2. 찰흙을 빚어 납작하게 한 후 씨앗을 넣는다.
3. 동그랗게 만든다.
4. 씨앗이 가장 잘 발아할 수 있는 곳, 즉 꿈방에 모아둔다.
5. 나의 꿈도 함께 심는다.

활동순서

1. 씨앗 볼 만들기

2. 씨앗에게 편지쓰기

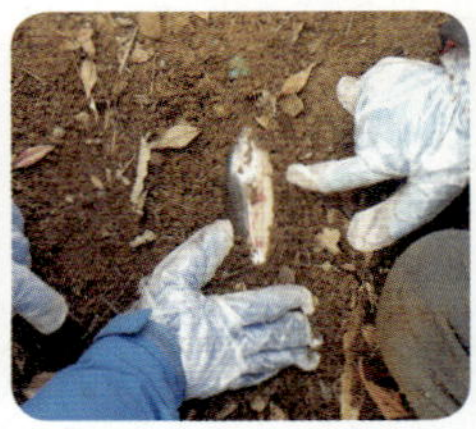

3. 페트병에 넣고 땅에 묻기

4. 씨앗 볼을 넣고 자리 표시하기

꿈방에 놓는다

찰흙 속에 도토리를 숨긴 모습

도토리 요정으로 꾸민 모습

씨앗들을 지켜주는 요정

숲 친구들 겨울을 잘 지내라 지켜주는 요정

나무야~ 이불을 덮어 줄게~

화려한 장식의 나무 이불- 나무야~
겨울을 잘 지내라~

*실제편은 때를 알다 해를 살다(2019, 유종반), 숲속미술놀이(2020, 박유순 외 공저)를 인용하여 출처를 밝힙니다.

참고문헌

곽노의 (2010). 자연주의 유아교육 프로그램의 탐색. **한국초등교육**, 20(2), 173-196.

곽노의 (2018). 제4차 산업혁명 시대의 인문학적 이해와 숲교육의 이해. **한국아동숲교육학회 동계세미나 자료집**, 26-30.

곽노의, 이경순, 윤승훈 (2010). **숲 유치원 아이들**(우리나라 현장 적용의 실제). 서울: 교육자체연구소.

교육부 (2019). 전국 최초 공립 숲유치원 '세종 솔빛숲유치원'-생명의 숲, 대자연을 품은 아이들. https://blog.naver.com/moeblog/221653700610에서 2021년 11월 26일 인출

교육부, 보건복지부 (2019). **2019 개정 누리과정 해설서**. 세종: 교육부, 보건복지부.

국립국어원 표준국어대사전 (2021). 숲. https://stdict.korean.go.kr/search/searchView.do에서 2021년 8월 20일 인출

국립대전숲체원 (2021). 국립대전숲체원 종일형 유아숲교육 프로그램 「아이좋아, 숲!」. https://blog.naver.com/i_joha_forest/222231627066에서 2021년 11월 26일 인출

국립수목원 (2011). **유아 · 미취학아동 및 초등학생을 위한 산림체험프로그램**. 포천: 국립수목원.

권덕수, 김애란, 김지영, 우민정, 한진원 (2018). **아동안전관리**. 경기: 정민사.

김경숙, 김정준 (2017). 겨울 숲 탐구활동이 유아의 과학적 태도와 탐구능력에 미치는 영향. **교육과학연구, 48**(4), 85-106.

김금주, 권세경, 김은정, 나은숙, 오진희, 이금구, 황혜경 (2018). **유아교육개론**. 서울: 학지사.

김명정, 김선아, 김성원, 김진희, 백인경, 안혜진, 이보영, 이선경, 이성복, 이효정, 최영해 (2019). **YouTube를 활용한 자기주도학습형 유아교육개론**. 서울: 학지사.

김미영 (2015). **생태적 패러다임에 기반한 유아 환경교육 공간디자인 모형에 관한 연구**. 이화여자대학교 일반대학원 석사학위 논문.

김민화 (2014). **숲 체험을 통한 과학 활동이 유아의 자연친화적 태도와 과학적 탐구능력 및 과학적 태도에 미치는 영향**. 호남대학교 대학원 석사학위 논문.

김상섭 (2009). **현대인의 교사 루소(루소는 에밀을 어떻게 가르쳤는가).** 서울: 학지사.

김수희 (2021). 자연친화 숲 프로그램을 활용한 자유놀이가 유아 창의성에 미치는 효과. **기업경영리뷰, 12**(3), 219-231.

김시내 (2013). **숲 체험 활동이 유아의 행복감, 자아존중감 및 창의성에 미치는 영향.** 부산대학교 교육대학원 석사학위 논문.

김연 (2011). **한국 최초의 숲유치원에서의 자유놀이가 유아의 창의성에 미치는 영향: 인천대학교 숲유치원을 중심으로.** 인천대학교 교육대학원 석사학위 논문.

김영옥, 이연주, 이연화 (2019). 숲 체험을 통한 미술활동이 유아의 친사회적 행동과 창의성에 미치는 영향. **생태유아교육연구, 18**(3), 49-77.

김유경 (2019. 12. 23). [세계적 미래학자 토마스 프레이] "앞으로 10년이 인류의 삶 바꿀 신기술 혁명기". 월간중앙. http://jmagazine.joins.com/economist/view/328500에서 2021년 12월 11일 인출

김은숙 (2010). **한국 최초 숲유치원 교육에 관한 연구.** 인천대학교 대학원 박사학위 논문.

김은숙 (2013). 숲에서의 놀이가 유아의 창의성에 미치는 영향. **홀리스틱융합교육연구, 17**(2), 23-42.

김은숙 (2019). **숲유치원교육-이론과 실제-** 서울: 동문사.

김은영, 임부연, 강은진, 고영미, 김진숙, 문무경, 이경화, 이미화, 이완정, 이정욱, 정선아 (2019). **누리과정 개정 정책연구.** 교육부, 충청남도교육청, 육아정책연구소.

김은영, 최효미, 최지은, 장미경 (2016). **영유아 사교육 실태와 개선 방안 II: 2세와 5세를 중심으로** (연구보고 2016-13). 서울: 육아정책연구소.

김은주, 임재택, 변지혜 (2012). 숲반과 일반학급 유아의 체격, 신체조성 및 체력 비교 분석. **유아교육학논집**, 16(2), 167-186.

김인숙, 남미경 (2021). 숲 체험과 연계한 바깥놀이가 영아의 사회정서 발달과 놀이 행동에 미치는 효과. **생태유아교육연구, 20**(1), 23-50.

김정아 (2015). 융복합적 접근으로서 숲 조형 놀이가 유아의 창의성에 미치는 영향. **한국전시산업융합연구원, 21**, 141-151.

김종혁 (2016). **아버지-유아가 함께하는 숲 체험 놀이활동이 유아의 정서지능, 자연친화적 태도에 미치는 영향.** 중앙대학교 대학원 석사학위 논문.

김주미 (2014). **창의성 발달을 향상시키는 숲 체험 활동과 생태미술 프로그램 연구:**

4, 5세를 중심으로. 성신여자대학교 교육대학원 석사학위 논문.

김지영, 김혜순 (2016). 숲 활동 프로젝트가 유아의 과학적 사고력에 미치는 영향. **교육연구, 1**(1), 55-75.

김학선 (2016). **숲유치원 일과에서 나타나는 유아의 의사결정 과정 및 유형 분석**. 인천대학교 대학원 박사학위 논문.

김현희 (2014). **숲 체험 활동이 유아의 자아 존중감에 미치는 효과**. 남부대학교 교육대학원 석사학위 논문.

김혜원, 장영숙 (2015). 자연물을 활용한 협동 조형 활동이 유아의 창의성 및 친사회적 행동에 미치는 영향. **열린부모교육연구, 7**(4), 51-70.

남보라 (2015). **숲 체험을 통한 창작음악극활동이 유아의 음악능력 및 리더십에 미치는 영향**. 삼육대학교 대학원 석사학위 논문.

문영희 (2009). **숲에서의 음악활동이 유아의 음악능력 발달에 미치는 영향**. 인천대학교 교육대학원 석사학위논문.

박가영 (2016). **자연물을 이용한 숲 체험 놀이 활동이 유아 창의성 및 과학 탐구능력에 미치는 영향**. 경기대학교 교육대학원 석사학위 논문.

박신자 (2012). **숲 활동이 유아의 다중지능에 미치는 효과**. 대구가톨릭대학교 대학원 박사학위 논문.

박유순, 김나현, 오유미 (2020). **숲속 미술놀이**. 경기: 정민사.

박진희 (2012). **자연의 소리를 이용한 음악활동의 음악적 표현 능력 향상 효과**. 중앙대학교 대학원 석사학위 논문.

박찬옥, 서동미, 엄은나 (2021). 2019 개정 누리과정을 반영한 유아사회교육. 경기: 양성원.

법제처 (2018). 산림교육의 활성화에 관한 법률.

법제처 (2020). 지속가능발전법.

부은순, 오창홍, 정동욱, 박정환 (2013). 숲에서의 자유놀이가 유아의 사회성 발달에 미치는 영향. **한국산학기술학회논문지**, 14(10), 4855-4864.

사단법인 한국숲유치원협회 (2021). 숲유치원 용어 정의. http://www.forestkid.or.kr/에서 2021년 10월 23일 인출

산림조합중앙회 산림경영지원 (2021). 숲의 의미. http://iforest.nfcf.or.kr/forest/user.tdf?a=common.HtmlApp&c=3001&page=/cyber/information/Green01.

html&mc=CYB_FIF_SGY_SYI에서 2021년 8월 20일 인출

산림청 (2013). **유아숲체험원 수요특성 분석 및 조성 운영 매뉴얼.** 대전: 산림청.

산림청 (2014). **유아숲체험원 조성 · 운영 매뉴얼.** 대전: 산림청.

산림청a (2021). 2021년 유아숲체험원 등록현황. https://www.forest.go.kr/에서 2021년 10월 27일 인출

산림청b (2021). 산림교육전문가의 역할. https://www.forest.go.kr/kfsweb/kfi/kfs/cms/cmsView.do?mn=NKFS_03_13_04_01&cmsId=FC_000873에서 2021년 11월 7일 인출

서영민 (2018). **유아숲체험교육의 이론과 실제.** 서울: 창지사.

서영민, 김낙흥 (2016). 유아 숲체험교육 프로그램의 개발 및 적용 효과. **유아교육연구, 36**(5), 285-313.

서윤정 (2013). **만 5세 초록반의 산책활동 운영에 관한 실행연구.** 경인대학교 교육대학원 석사학위 논문.

서은경 (2017). **유아교사의 인식을 통한 유아숲체험원 교육의 개선 방안 연구.** 공주대학교 대학원 석사학위 논문.

소명수 (2012). **숲유치원에서 자연물을 이용한 놀이활동이 유아의 창의성에 미치는 영향.** 서울교육대학교 교육대학원 석사학위 논문.

소희정 (2006). **자연체험 활동을 통한 통합적 동시활동이 유아의 동시 짓기 능력에 미치는 영향.** 중앙대학교 교육대학원 석사학위 논문.

솔빛숲유치원 (2021). **숲과 함께 자라는 솔빛숲유치원운영계획.** 세종: 솔빛숲유치원.

송민영 (2006). **홀리스틱 교육사상.** 서울: 학지사.

신동주, 이상은, 김현경, 박영선 (2017). **영 · 유아 안전관리.** 경기: 정민사.

신득렬, 이병승, 우영효, 김회용 (2005). **쉽게 풀어 쓴 교육철학 및 교육사.** 서울: 양서원.

신지연 (2014). 영국의 숲 학교 운영현황 및 국내 숲유치원 활성화 방안 연구. **생태유아교육연구, 13**(3), 143-163.

신지연, 김정현, 정이정 (2012). 숲유치원 접근의 유치원과 일반 유치원 유아의 기초체력 및 행복감 비교. **유아교육학논집, 16**(6), 5-26.

신지연, 이신영, 정민정 (2019). **행복한 미래교육, 한국 숲유치원.** 경기: 공동체.

심성경, 조순옥, 이정숙, 이춘자, 이선경, 이효숙 (2009). **유아교육개론.** 서울: 창지사.

심윤희, 김용희, 황혜경, 김보영, 이회현, 이미란 (2018). **영유아교육기관에서의 안전**

교육. 경기: 파워북.

안명숙 (2013). 숲에서의 놀이경험을 통한 유아미술교육이 유아의 미술표현능력 및 창의성에 미치는 영향. **홀리스틱융합교육연구, 17**(1), 105-131.

안희수 (2014). **겨울 숲에서의 자연체험활동이 유아의 과학적 탐구능력에 미치는 영향**. 서울교육대학교 교육전문대학원 석사학위 논문.

오미라 (2021). **숲 체험 활동이 유아의 행복감과 창의성에 미치는 영향**. 전북대학교 대학원 석사학위 논문.

오영희, 박창옥, 박윤자, 정미애 (2010). **영 · 유아를 위한 유아교육개론**. 경기: 21세기사.

우수경, 김현자, 신선희, 유영의, 김호, 김현정 (2019). **유아교육개론**. 서울: 학지사.

유선희 (2015). **숲 체험활동을 통한 소집단 동시 짓기 활동이 유아의 언어표현력과 정서지능에 미치는 영향**. 경인교육대학교 대학원 석사학위 논문.

유정하 (2014). **자연체험활동이 유아의 인성 및 기본생활습관 형성에 미치는 영향**. 계명대학교 교육대학원 석사학위 논문.

유종반 (2019). **때를 알다 해를 살다**. 서울: 작은것이 아름답다.

유진영 (2007). **자연체험활동을 통한 동시짓기 활동이 유아의 언어표현력에 미치는 영향**. 총신대학교 교육대학원 석사학위 논문.

유혜령, 강은희, 박지영 (2003). **유아교수공학과 교수 학습방법**. 서울: 창지사.

윤기연 (2008). **자연관찰을 통한 과학활동이 유아의 과학적 탐구능력 및 자연친화적 태도에 미치는 영향**. 동국대학교 교육대학원 석사학위 논문.

윤길순 (2017). **숲유치원 교육을 통한 창작동화짓기 활동이 유아의 언어표현력과 언어창의성**에 미치는 **영향**. 서울교육대학교 교육전문대학원 석사학위 논문.

이명환 (2003). 독일 숲유치원의 현장상황에 관한 연구. **열린유아교육연구, 23**(4), 72-93.

이명환 (2007). **자연친화적 유아교육의 모델 독일의 숲유치원**. 서울: 교육아카데미.

이명환 (2012). 독일의 숲유치원과 한국의 숲유치원 비교연구. **홀리스틱교육연구, 16**(3), 65-83.

이미연, 권정윤 (2021). 2019 개정 누리과정의 숲유치원 현장적용에서 나타난 유아의 놀이 흐름 및 교사의 놀이 지원. **유아교육연구 41**(5), 309-333.

이소영 (2018). **생명사상을 바탕으로 한 한국 숲유치원**. 경기: 공동체.

이신영 (2015). 스웨덴 숲유치원의 운영 현황과 국내 숲유치원의 발전 방안. **어린이**

미디어연구, 14(4), 73-93.

이영녀 (2014). **영아 주도의 놀이중심 숲 산책 프로그램 개발 및 효과: 생태유아교육의 관점.** 덕성여자대학교 대학원 박사학위 논문.

이영주 (2012). **혼합연령반 유아의 사회성 증진을 위한 숲체험활동 프로그램의 효과.** 부산대학교 교육대학원 석사학위 논문.

이윤호 (2017). 숲체험을 통한 창의성 신장을 위한 미술 프로그램 연구: **3~5세를 중심으로.** 수원대학교 대학원 석사학위 논문.

이은화, 이정환, 이경우, 이기숙, 홍용희, 박은혜, 김희진 (2003). **유아교육개론.** 서울: 이화여자대학교 출판부.

이인숙 (2008). **숲 체험활동이 유아의 언어표현력 및 자연친화적 태도에 미치는 영향.** 성신여자대학교 교육대학원 석사학위 논문.

이점숙 (2013). **숲 체험 활동이 유아 정서능력에 미치는 영향.** 숭실대학교 교육대학원 석사학위 논문.

이헌호, 이도형, 강미희 (2011). **숲의 세계.** 경북: 영남대학출판부.

이현정, 정대현 (2017). 숲교육이 유아의 자아존중감과 사회성에 미치는 영향: 누리과정과 연계하여. **미래유아교육학회지, 24**(4), 51-70.

이호영, 임재택 (2003). 아이와 어머니의 식생활에 관한 기초 조사. **영유아보육연구, 9**, 1-32.

임경아 (2020). **숲 연계 미술활동이 유아의 창의적 능력 향상과 창의적 표현능력 변화에 미치는 효과.** 숭실대학교 교육대학원 석사학위 논문.

임부연 외 (2021). **유아 · 놀이 중심 유아교육과정.** 경기: 공동체.

임재택 (2010). 이제는 숲유치원이다: 숲과 아이들의 만남. **(사) 한국숲유치원협회 국제 세미나 자료집.**

임재택 (2012). 한국형 숲 유치원의 성격과 활성화 방안. **한국 열린유아교육학회 춘계 학술대회 자료집,** pp. 77-87.

임재택 (2018). **생태유아교육의 사상 아이를 주체적 생명인으로 키우는 생태유아교육.** 경기: 공동체.

임재택, 이소영, 김은주 (2012). 숲유치원 운영실태 및 운영방안에 대한 연구. **생태유아교육연구, 11**(2), 57-85.

임재택, 하정연, 신주연 (2016). **유치원 · 어린이집에서 실천할 수 있는 숲유치원 운영**

매뉴얼. 경기: 공동체.

임재택, 하정연, 이소영 (2013). 숲에서 유아들이 경험하는 놀이 탐색. **유아교육연구, 33**(2), 343-367.

임태영 (2017). **숲에서의 자연체험활동이 유아의 창의성에 미치는 효과**. 숭실대학교 교육대학원 석사학위 논문.

장미숙 (2013). **숲 산책 활동이 영아의 어휘력과 의사소통능력에 미치는 영향**. 인천대학교 교육대학원 석사학위 논문.

장정애 (2011). **자연의 소리를 활용한 통합적 유아음악교육 프로그램 구성 및 효과**. 중앙대학교 대학원 박사학위 논문.

장희정 (2010). **숲유치원**. 서울: 호미.

장희정, 박인기 (2014). **숲유치원에서 쏙쏙 뽑은 누리과정**. 서울: 호미.

전경원 (2010). **유아종합 창의성 검사요강**. 서울: 학지사심리검사연구소.

전주영 (2013). **숲 유치원에서의 유아의 경험 세계**. 신라대학교 대학원 박사학위 논문.

전홍선 (2015). **바깥놀이로서의 숲체험 활동이 유아의 창의성에 미치는 영향**. 숭실대학교 교육대학원 석사학위 논문.

조형숙, 김현주, 김명하, 김명정 (2017). **유아교육개론**. 서울: 학지사.

조홍섭 (2005). **생명과 환경의 수수께끼**. 서울: 고즈윈.

주귀란 (2016). **유아교사의 숲교육 연수 및 프로그램 실시 유무에 따른 환경친화적 교육태도의 차이**. 동아대학교 교육대학원 석사학위 논문.

지속가능발전포털 (2021). 지속가능발전의 개념. http://ncsd.go.kr/definition에서 2021년 12월 11일 인출

지옥정, 김수영, 정정희, 고미애, 조혜진 (2020). **유아교육개론**. 서울: 창지사.

진봉희 (2013). **자연친화적 숲 체험활동이 유아의 행복감과 사회성에 미치는 영향**. 광주대학교 대학원 석사학위 논문.

최현숙 (2015). **숲에서 행복한 아이들**. 부산: 해피북미디어.

한오희 (2019). 숲이 교실 "국내 1호 공립 '숲유치원' 세종시에 개원. 세종의 소리. http://www.sjsori.com/news/articleView.html?idxno=36684에서 2021년 11월 26일 인출

한유정 (2020). **유아 숲 체험원에 대한 교사의 인식 및 개선방안**. 중앙대학교 교육대학원 석사학위 논문.

Beatty, B. (1998). **미국유아교육사**[*Preschool education in America*]. (이원영 역). 서울: 교육과학사. (원저 1995년 출판)

Bratton, C., Crossey, U., Crosby, D., & McKeown, W. (2005). *Learning outdoors in the early years*. Belfast: Early Years Interboard Panel.

Cornell, J. B. (2002). (아이들과 함께 나누는 자연체험 1, 2[*Sharing nature with children*]. (장상욱 역). 서울: 우리교육. (원저 1998년 출판)

EBS 뉴스 G (2020. 06. 03). 코로나19 시대에 주목 받는 야외 교육. https://news.ebs.co.kr/ebsnews/allView/20296185/N에서 2021년 12월 14일 인출

Healey, E. (2010). 자연과 하나가 되는 놀이. **제2회 숲 유치원 국내 세미나 자료집**, 27-45.

Knecht, S. (2008). *Benefits and challenges of forest education in primary schools in the canton of zurich*, switzerland. Unpublished doctoral dissertation, University of Zurich, Switzerland.

Knight, S. (2013). *Forest school and outdoor learning in the early years*(2nd ed.). Los Angeles, CA: Sage.

Louv, R. (2005). *Last child in the woods: Saving our children from nature-deficit disorder.* Chapel Hill, NC: Algonquin Books.

Prezza, M., Alparone, F. R., Cristallo, C., & Secchiano, L. (2005). Parental perception of social risk and of positive potentiality of outdoor autonomy for children. *Journal of Environmental Psychology*, 25, 437-453.

Robertson, J. (2008). *Swedish forest kindergartens part 1*. Creative Star Learning Company.

Schede, H-G. (2000). *Der waldkindergarten auf einen blick: Profile für kitas und kindergärten.* Herder.

Siraj-Blatchford, J. (2009). Editorial: education for sustainable development in early childhood. *International Journal of Early Childhood, 41*(2), 9-22.

UNESCO (2004). United nations decade of education for sustainable development (2005~2014): International implementation scheme. Paris, France: UNESCO.

UNESCO (2005). Guidelines and recommendations for reorienting teacher education to address sustainability. Paris, France: UNESCO.

저자 소개

송 규 운

University of North Texas 대학원 (유아교육전공) Ph.D.

서울신학대학교 유아교육과 교수, 대학원장

한국유아창의성교육학회장, 산림교육전문가

박 유 순

서울신학대학교 대학원 석사과정 (유아교육전공)

산림교육전문가, 생태미술 전문강사

사) 인천녹색연합 이사

저서 영유아미술교육(2021 개정. 양성원. 공저)

재료와 기법 중심의 영유아 미술교육(2018. 정민사. 공저)

숲속미술놀이(2021. 정민사. 공저)

송 나 리

성신여자대학교 대학원 (유아교육전공) Ph.D.

산림교육전문가, 운현유치원 교사

서울신학대학교, 성신여자대학교 강사

유아숲교육 이론과 실제

1판 1쇄 인쇄 2022년 3월 5일
1판 1쇄 발행 2022년 3월 15일

저 자 송규운 · 박유순 · 송나리
발 행 인 회장 박철용
대표 박세원
발 행 처 정민사
주 소 경기도 파주시 직지길 522 파주출판도시
전 화 031-955-8030
팩 스 031-955-8025
홈 페 이 지 http://www.jmpub.co.kr
이 메 일 yswgroup@naver.com
출 판 등 록 1979년 1월 22일 No. 406-2004-000130호

I S B N 978-89-5809-956-7
정 가 20,000원

※ 본 저서는 2022학년도 서울신학대학교 학술연구비 지원 대상임